AF393881

Weiblich, 29, Neurodivergent.
Dies ist meine Geschichte.

29 Jahre lang wusste ich, dass ich anders bin als andere Menschen. 29 Jahre, in denen ich versuchte, mich anzupassen, meine Schwierigkeiten, Bedürfnisse und wahren Empfindungen zu verbergen. 29 Jahre, bis ich die Diagnose bekam, die mein Leben verändern sollte: ADHS. Auf einmal verstand ich mich selbst, meine Biographie, die Beziehungen in meinem Leben, all die schmerzhaften beruflichen Erfahrungen. Und als wäre eine Diagnose nicht genug, kam über ein Jahr später eine zweite dazu: Autistisch ist sie also auch. Wie mein Leben als undiagnostiziertes Mädchen verlief, die Hürden und Probleme beim Erwachsenwerden und den Weg zu gleich zwei lebensverändernden Diagnosen, habe ich niedergeschrieben in der Hoffnung, mir und anderen zu zeigen: Wir sind nicht falsch. Nur neurodivergent.

CHARLOTTE SUHR

NICHT FALSCH, NUR NEURODIVERGENT

AUS DEM LEBEN EINER ERWACHSENEN AUTISTIN MIT ADHS

Bibliografische Informationen der Deutschen Nationalbibliothek: Die Deutsche Nationalbibliothek verzeichnet diese Publikation in der Deutschen Nationalbibliographie; detaillierte bibliographische Daten sind im Internet über dnb.dnb.de abrufbar.

Umschlaggestaltung: © 2024 Yuval Eytam und Claudia Estela
Lektorat und Korrektorat: Martina Schramm

Herstellung und Verlag: BoD – Books on Demand, Norderstedt.
ISBN: 9 783759 743626

Für mich. Für euch.

Für Tobi und Lisa.

Hinweis: In diesem Buch werden unter anderem die Themen Essstörung, Depression, Suizidalität und Sucht thematisiert. Gebt beim Lesen bitte auf euch acht!

Inhalt

Why are you the way you are?
Michael Scott

It's me. Hi. I'm the problem, it's me.
Taylor Swift

Vorwort

Ich möchte dieses Vorwort gern mit dem Hinweis beginnen, dass ich Vorworte furchtbar langweilig finde und selbst am liebsten überspringe. Für alle, denen es genauso geht, halte ich es kurz: Hallo, ich bin Charlotte und das ist meine Geschichte.

Ich bin eine über 30-jährige, spätdiagnostizierte AuDHSlerin, die gern von sich selbst erzählt und eine Leidenschaft für weitschweifende Erklärungen und blumige Sprache hat. Ich bin keine Psychologin, Ärztin oder Expertin im Bereich mentaler Gesundheit und Medizin. Dies ist kein wissenschaftliches Fachbuch, sondern meine Geschichte und meine Emotionen auf dem Weg zu zwei lebensverändernden Diagnosen – mit ein wenig sachinformativem Zuckerguss.

Nachdem ich mich ausgiebig über die Themen Autismus und ADHS informiert hatte, sehnte ich mich vor allem nach den Erfahrungen, Lebenswegen und Biografien anderer neurodivergenter Menschen. Ich wollte nicht wissen, was Neurodivergenz *ist,* sondern wie sie von echten Menschen ge- und erlebt wird. Am meisten nehme ich persönlich aus individuellen Geschichten mit und nicht aus theoretischen und trockenen Sachbüchern. Daher habe ich genau diesen Ansatz auch für mein Buch gewählt.

Dieses Buch ist für alle, die ihr Leben lang dachten, sie seien falsch und unnormal. Die nicht verstanden haben, warum sie nirgendwo reinpassen, die immer wieder gescheitert sind an ihren eigenen Ansprüchen und denen der Gesellschaft. Das hier ist das Buch, das ich früher gern selbst gelesen hätte.

Euch möchte ich mit meiner Geschichte eine warme Decke umlegen und die Gewissheit geben, dass ihr gut seid, wie ihr seid. Dass ich eure Scham und viele Schwierigkeiten (wenn auch sicher nicht alle) verstehen kann. Und im besten Fall kann ich euch an meinem Beispiel vielleicht auch ein wenig Mut machen, dass das Leben besser werden kann, wenn ihr das Wissen und die Hilfe bekommt, die ihr schon immer gebraucht habt.

Meine Geschichte ist keine Anleitung für den Umgang mit neurodivergenten Menschen und keine Strategie „gegen" Autismus und ADHS. Beides kann und muss nicht geheilt werden. Dieses Buch ist für alle, die Neurovielfalt innerhalb der Gesellschaft weder anzweifeln, kritisieren noch verändern wollen, sondern als das nehmen, was sie ist: Eine neurologische Variation von Menschen, der man so neutral gegenüberstehen kann wie der Vielfältigkeit von Haarfarben.

Mein Fokus liegt nicht auf Angehörigen und Eltern von neurodivergenten Menschen, sondern auf uns, den Betroffenen selbst. Auf den Hürden und Problemen, denen wir in einer neurotypischen Dominanzgesellschaft[1] zweifellos begegnen mussten. Auf unserem Innenleben. Ich erhebe keinen Anspruch auf Vollständigkeit in Bezug auf die Themen Neurodivergenz, Autismus und ADHS. Das hier ist nur meine Perspektive. Ich kann und möchte nicht für andere neurodivergente Individuen sprechen – das gilt insbesondere in Bezug auf die Erfahrungen von neurodivergenten Eltern,

---

[1] Rommelspacher (1995).

trans- und <u>nicht-binären</u> Personen, Menschen, die sehr viel mehr Unterstützung in ihrem Alltag brauchen als ich oder <u>nonverbalen</u> Autist:innen.

„Ist das auch so ein ADHS-Ding?", werde ich sehr häufig von Menschen gefragt, wenn ich aus meinem Leben erzähle und ich muss ehrlich antworten: Ich weiß es häufig nicht. Ich kann nicht bei jeder Eigenschaft und Erfahrung sagen, was genau der Autismus, die ADHS oder aber ein individuelles Charakteristikum von mir ist. Das hier ist keine Liste von Symptomen, sondern die Geschichte einer einzelnen neurodivergenten Person, die ein genauso individueller Mensch ist wie alle anderen auch.

Eine Auswahl an Literatur, die Fachwissen zum Thema liefern, findet ihr im Anhang. Ich benutze an einigen Stellen Begriffe, die der Fachsprache von Autismus, ADHS, Feminismus und Diskriminierungsforschung zuzuordnen sind. Da diese vielleicht nicht allen bekannt sind, erkläre ich sie im Glossar im Anhang. Begriffe, die ihr im Glossar findet, sind im Text unterstrichen, zum Beispiel so: <u>AuDHS</u>.

Möge dieses Buch euch viel Freude, Heilung, ein paar Tränchen und Lacher bereiten!

Alles Liebe
Eure Charlotte

Neurodivergent

„Kann es eigentlich sein, dass du neurodivergent bist?", fragte mich eine Bekannte vor einigen Jahren. „Ich will nicht übergriffig sein, aber ich erkenne sehr viel von mir in dir wieder und vielleicht möchtest du dich damit ja einmal beschäftigen". Die Person kannte mich schon viele Jahre und ist selbst neurodivergent. Ich fand ihre Frage nicht übergriffig. Ich war geschmeichelt. Als hätte ein Teil von mir nur auf diesen Anstoß gewartet. Ich hatte zu diesem Zeitpunkt (mit Unterbrechungen) bereits zehn Jahre Therapie hinter mir und trotzdem das unterbewusste Gefühl, dass mir etwas fehlte, um mich selbst nicht nur gänzlich verstehen, sondern auch heilen zu können.

Ich wusste mein Leben lang, dass ich *anders* als die meisten Menschen war, bezog diese Andersartigkeit jedoch stets auf einen persönlichen Charakterfehler und Versagen von mir selbst.
Die Erwägung einer *biologisch-wissenschaftlichen* Erklärung für meine Empfindungen und den Leidensdruck hätte ich mir selbst niemals erlaubt. Zu groß war meine Überzeugung, dass die vielen Probleme meine eigene Schuld waren. Obwohl ich damals, durch die Arbeit neurodivergenter Kolleg:innen, bereits Vorwissen zum Thema Neurodivergenz hatte, fehlte dabei jedoch die Verbindung zu mir und meiner eigenen Biografie. Anscheinend hatte ich genau diesen Impuls von außen gebraucht, um mich tatsächlich mit der Materie zu beschäftigen.

Was ist eine Neurodivergenz?

Neurodivergenz ist ein Begriff aus der Medizin. Er beschreibt Gehirnstrukturen, die von jener abweichen, die man „neurotypisch" nennt und den Standard in der Wissenschaft ausmachen. Dazu gehört Autismus, ADHS (Aufmerksamkeitsdefizit-Hyperaktivitäts-Störung), PTBS (Post-Traumatische-Belastungsstörung), Legasthenie, LRS (Lese-Rechtschreibschwäche), Dyskalkulie (Rechenstörung) und viele weitere.[2] Neurodivergenz ist keine *Krankheit*, die geheilt werden kann, sondern bezeichnet natürliche Abweichungen von allem, was als Standard gilt. Sie ist eine Form der normalen menschlichen Diversität.

ADHS und Autismus sind Entwicklungsstörungen, die primär genetisch bedingt sind, wobei Umweltfaktoren zur Ausprägung beitragen können. Die Störung wird häufig von Eltern an ihre Kinder weitergegeben, und oft sind in einer Familie mehrere neurodivergente Mitglieder.[3] Das Vorhandensein dieser neurologischen Unterschiede innerhalb der Gesellschaft nennt man Neurodiversität. Eine einzelne Person ist neurodivergent, eine Gruppe von Menschen neurodivers.

Zur Diagnose von psychischen und medizinischen Störungen werden weltweit die Katalogsysteme ICD (International Statistical Classification of Diseases and Related Health Problems) und DSM (Diagnostical and Statistical Manual of Mental Disorders) genutzt. Diese werden alle paar Jahre überarbeitet und an den Stand der Forschung angepasst, Diagnosen werden gestrichen, neu eingeführt und Kriterien dafür überarbeitet.

---

[2] Price (2022), S. 29ff.

[3] Borms et al. (2013).

Die aktuellen Auflagen sind das DSM-5 und ICD-11, wobei aktuell noch mit dem ICD-10 gearbeitet wird.[4]

Es gibt einen strengen Regelkatalog zur Diagnose von psychiatrischen Störungen. Beispielsweise müssen die Symptome von ADHS und Autismus schon von Kindesalter an vorhanden sein und dürfen nicht durch die Einnahme von Medikamenten, eine Krankheit oder Intelligenzminderung erklärbar sein.[5] Der Diagnostik-Prozess wird von medizinischem oder psychologischem Personal durchgeführt, dauert lang, ist aufwendig und beinhaltet häufig die Einbeziehung und Einschätzung von Eltern und anderen Angehörigen.

2013 wurden im DMS-5 mit der neuen Auflage verschiedene autistische Diagnosen unter dem Begriff „Autismus-Spektrum-Störung" zusammengefasst. Die Diagnosen „Asperger" und „Frühkindlicher Autismus" entsprechen nicht mehr den neuesten wissenschaftlichen Erkenntnissen, finden sich jedoch nach wie vor im ICD-10. Ebenfalls existiert die Diagnose Aufmerksamkeitsdefizit-Syndrom (ADS) nicht mehr. Man spricht nur noch von ADHS, wobei hier drei Subtypen bestehen: überwiegend hyperaktiv, überwiegend unaufmerksam sowie der (am häufigsten vorkommende) Mischtyp.[6]

Obwohl die Diagnose „Asperger" seit 2013 nicht mehr dem aktuellen Stand der Wissenschaft entspricht, ist sie für viele nach wie vor gleichbedeutend mit Autismus. Die Diagnose wurde nach dem österreichischen Kinderarzt Hans Asperger benannt (nicht von ihm selbst), der 1944 seine Habilitationsschrift zu „Autistischer Psychopathie"

---

[4] Schneider (2015).

[5] Ebd.

[6] Borms et al. (2013), S. 20.

veröffentlichte und im nationalistisch regierten Österreich Karriere in der Wiener Kinderklinik machte.[7] Dort leitete er die heilpädagogische Abteilung. Aspergers Ansichten und Diagnose-Kriterien in Bezug auf Autismus lesen sich heutzutage nicht nur unglaublich <u>ableistisch</u>, problematisch waren ebenfalls seine Ansichten zum Thema Autismus bei Mädchen, welchen er für unmöglich hielt. Eigenschaften, die er bei Jungen als Anzeichen für Autismus einschätzte und positiv hervorhob - logisches Denken, elaborierte Sprache, hohe Intelligenz – sah er bei Mädchen als Mangel oder Symptom ihres Menstruationszyklus'.[8] Er charakterisierte autistische Eigenschaften als extrem *männliche* Eigenschaften.[9]

Weiterhin galt seine Forschung auch der Frage, inwiefern man autistische und hochbegabte Kinder auf dem Arbeitsmarkt einsetzen und welchen „Nutzen" die begabten Kinder für das Regime haben konnten. Andere Kinder überwies er an die Wiener Jugendfürsorgeanstalt „Am Spiegelgrund". Viele Kinder, die dort lebten und als nicht „nicht erziehbar" galten, wurden Opfer des „Euthanasie"-Programms der Nationalsozialisten.[10] Inwiefern Asperger selbst wusste, wozu seine Einweisungen führten und ob er sogar aktiv am Programm beteiligt war, ist bis heute nicht eindeutig belegt.

Aspergers sexistische und ableistische Ansichten sowie seine Rolle im Nazi-Regime disqualifizieren ihn in jeder Hinsicht, weiterhin Namensgeber für die Diagnose zu sein. „Asperger" ist außerdem bis heute für

---

[7] Sheffer (2018).

[8] Sheffer (2018).

[9] Toeps (2020), S. 119ff.

[10] Sheffer (2018).

viele synonym mit einem Autismus, der mit besonders viel Talent, dem Savant-Syndrom (Insel-Begabung) oder Hochbegabung assoziiert wird. Damit geht eine starke Moralisierung von Intelligenz einher, ebenso wie eine problematische Einteilung in „bessere" und „schlechtere" Autist:innen je nach Grad von Behinderung und Intellekt. Auch bewertende Begriffe wie „high functioning" und „low functioning"[11] sollten heute nicht mehr verwendet werden, da sie qualitative Unterschiede sowie eine strikte Einstellung implizieren, die nicht der Realität entspricht und Betroffenen nur schadet, egal zu welcher Gruppe sie gezählt werden.

Bis ins Jahr 2013 war es in den medizinischen Katalogen nicht möglich, ADHS und Autismus parallel zu diagnostizieren. Durch den jahrzehntelangen Ausschluss der Doppeldiagnose kann erst seit kurzer Zeit die Prävalenz von Menschen geschätzt werden, die beides haben. Auch die Forschung konzentrierte sich aufgrund dessen stets auf die Symptome der einzelnen Störungen und nicht auf die Kombination von beiden. Laut neuesten Forschungsergebnissen erfüllen jedoch fast 70 Prozent der Autist:innen auch die Kriterien von ADHS.[12]

Da die Forschung zur Doppeldiagnose – AuDHS – noch recht jung und stets im Wandel ist, sind auch nicht alle medizinischen und psychologischen Expert:innen auf dem neuesten Wissensstand. Es kann die Diagnostik enorm erschweren, wenn die sichtbaren Symptome von ADHS und Autismus sich gegenseitig ergänzen, überlappen oder verbergen. Menschen mit Doppeldiagnose zeigen äußerlich häufig andere Symptome als solche mit nur einer der beiden Störungen. Doch auch

---

[11] Hoch funktional und wenig funktional, häufig bezogen auf die Themen Arbeit und Leistung.

[12] Podcast The Neurodivergent Woman (2022).

wenn das *Verhalten* einer Person nicht darauf schließen mag, ist der Kampf von Gegensätzen im Gehirn möglicherweise umso gravierender.[13]

Dieser Kampf kann der Konflikt zwischen dem Bedürfnis nach Ordnung sowie einer Unfähigkeit, äußerliches Chaos zu beseitigen, sein. Zwischen dem dringenden Wunsch nach klaren Regeln und Abläufen sowie einer abgrundtiefen Abneigung dagegen. Zwischen der massiven Überforderung von sozialen und sensorischen Reizen und der Unfähigkeit, im Voraus zu planen oder sich eine Umgebung zu schaffen, die sensorisch optimal ist. Das pausenlose Streben einer perfekten Balance zwischen Unter- und Überstimulation, wobei beides gleichermaßen als Qual empfunden wird.

Auf der Suche nach meiner Neurodivergenz

Ich bin eine Person, die sich selbst gegenüber nicht besonders wohlwollend und nachsichtig ist. Ich verurteile mich hart und habe ein schlechtes Selbstbild. Ich brauchte einerseits eine andere Person, die mir „erlaubte", mich mit dem Thema Neurodivergenz zu beschäftigen, und war andererseits so elektrisiert von der Möglichkeit, vielleicht doch nicht ohne weitere Erklärung „falsch", „seltsam" und „verrückt" zu sein.

So begab ich mich auf die Suche nach *meiner* Neurodivergenz. Ich schloss dabei das Thema ADHS zunächst kategorisch aus. Ich hatte Vorurteile, die wahrscheinlich viele Menschen im Kopf haben, wenn sie an ADHS denken. Ich war überzeugt davon, hierfür müsse man sichtbar chaotisch sein und den ganzen Tag wie von der Tarantel gestochen durch die Gegend rennen. Da ich kein kleiner aufgedrehter Junge war, der sich prügelte, sondern eine erwachsene Frau mit einer sehr aufgeräumten

---

[13] Podcast The Neurodivergent Woman (2022).

Wohnung und scheinbar strukturiertem Leben, konnte ich mich darin nicht wiederfinden. Und das trotz der Tatsache, dass ich als Kind auffallend unordentlich, schmuddelig und ungeschickt war. So sehr, dass ich in meiner Familie und meinem Umfeld einen bestimmten Ruf weghatte, gegen den ich die nächsten Jahrzehnte ankämpfen sollte.

So fiel mein Blick zunächst auf das Thema Autismus. Ich las die DMS-Kriterien dafür und verstand kein Wort. Die trockenen Formulierungen hatten nichts mit meiner Realität zu tun. Ich las ein Buch zum Thema „Asperger" bei Mädchen und Frauen und fand mich darin ebenfalls nicht wieder. Schließlich war ich als Kind kein schulischer und sozialer „Problemfall", hatte weibliche Freundinnen und schon gar keine „männlichen" Hobbys wie Mathematik oder Modellflugzeuge.

Stattdessen war es mir als Kind die größte Freude, ein Buch nach dem anderen zu lesen (nicht selten sogar im Gehen auf meinem Schulweg), stundenlang in meinem Zimmer zu malen und die immer selben Bibi-Blocksberg-Kassetten so lange hintereinander zu hören, bis sie mir zu den Ohren raushingen. War das autistisch? Laut besagtem Buch eher nicht. Und so schloss ich frustriert auch erst einmal diese Störung aus.

Einige Zeit später stieß ich durch Zufall auf ein YouTube-Video von Lunarjess, einer deutschen Influencerin und inzwischen sehr lieben Kollegin, die ich bereits seit Jahren verfolgte. In diesem sprach sie lange und ausführlich über ihre ADHS-Diagnose und lieferte zusätzlich noch unendlich viele hilfreiche Informationen und Quellen zur Thematik. Ich war schockiert und fasziniert. Eine Frau in meinem Alter mit dem gleichen Job wie ich, die nach außen hin so gar keinen chaotisch-zerstreuten oder hyperaktiven *Eindruck* machte, konnte ADHS haben? Ich verstand in diesem Augenblick zum ersten Mal, dass die Dinge, die sich im Innenleben einer Person abspielen, nicht unbedingt immer von außen erkennbar sind. Und weiterhin, dass meine Vorstellung von ADHS unglaublich stereotyp und sexistisch gewesen war.

In meiner Schulzeit war die Bezeichnung „ADHS-Kind" eine Beleidigung für Mitschüler:innen, die sehr viel Aufmerksamkeit *einforderten*. Ich kannte das Thema ADHS aus US-amerikanischen Serien, in denen wilde Jungs mit Medikamenten ruhiggestellt wurden und verknüpfte Ritalin gedanklich mit Studierenden, die die ganze Nacht lang für ihr Jura-Studium büffelten. Ich war überzeugt davon, ADHS hätten nur kleine Jungs, die sich prügelten und in der Schule nicht still sitzen konnten.

Das alles stand im Kontrast zu dieser realen, erwachsenen (weiblichen) Person im Video, die mir erzählte, wie es sich *anfühlte,* ADHS zu haben und welche Mechanismen vor allem <u>weiblich sozialisierte</u> Menschen haben, Symptome zu *maskieren*. Ich erlebte eine Art Epiphanie und stürzte mich mit Inbrunst in meine Recherche. Hörte jeden Podcast zum Thema ADHS (bei Frauen), las Bücher, schaute mir Instagram-Reels an, die mich in Tränen ausbrechen ließen (Das bin *ich*!) und kontaktierte meine Therapeutin mit der Bitte, einmal über das Thema ADHS zu sprechen. Nach einer sehr ausführlichen Diagnostik mit verschiedenen Fragebögen und der Konsultation meiner Familie und meines Partners, schlossen wir den Prozess mit einer Diagnose ab. Und dann hatte ich es schwarz auf weiß von einer Expertin: Herzlichen Glückwunsch, Sie sind gestört.

Ich hätte nicht glücklicher sein können.

Offiziell gestört zu sein empfand ich als wesentlich angenehmer, als inoffiziell und unterbewusst gestört zu sein. Mal abgesehen davon, welche Wertung im Begriff „Störung" liegt, ist die Bestätigung von außen, dass das eigene Gehirn einfach anders verschaltet ist, eine ziemlich großartige Sache. Ich kenne wenige neurodivergente Menschen mit offizieller Diagnose, die über diese auf lange Sicht traurig waren. Das betrifft insbesondere Menschen, die erst spät diagnostiziert wurden und so bereits Jahrzehnte der Selbstzweifel, Begleiterkrankungen, Verzweiflung und nicht selten Hass und Scham gegenüber sich selbst empfunden haben.

Wie die meisten spät diagnostizierten Menschen hatte ich die Konsequenzen meiner Neurodivergenz jahrzehntelang meiner eigenen Unzulänglichkeit zugeschoben. Ich sah sie als *bewusste Entscheidung* und nicht als unveränderbare, biologische Gegebenheit. Ein Unterschied, der nicht relevanter sein könnte. Ich dachte mein Leben lang, ich müsste mir nur mehr Mühe geben, mich zusammenreißen, klüger, besser, schöner, sympathischer sein. Ich vermutete meine qualitative Andersartigkeit in so etwas wie einem faulen Kern, der in mir steckte.

Als ich das einmal mit genau diesen Worten in einem Podcast erzählte, war die Reaktion peinliches Entsetzen. Wie konnte ich so über mich selbst sprechen? In einer Welt, die Selbstliebe predigt und verlangt, ist so eine Eigenbeschreibung ein regelrechter Affront. Seinen eigenen Selbstwert zu kennen, so lernte ich es, sei schließlich die Aufgabe einer jeden gut sortierten Feministin und gesellschaftskritischen Bürgerin.

Als hätte man es im Leben nicht schon schwer genug ohne Selbstwertgefühl, muss man sich zusätzlich auch noch dafür schämen, darüber offen zu sprechen. Wenn man aber jahrzehntelang zurechtgewiesen und heruntergestutzt wurde, wie soll man dann mit erhobenem Haupt durchs Leben schreiten? Die Sache ist die: Man kommt nicht als selbsthassendes Nervenbündel auf die Welt, man wird dazu gemacht. Ich habe es mir nicht ausgesucht, so schlecht über mich zu denken, und bin müde, so zu tun, als hätten meine Kindheit und Sozialisierung mich nicht geprägt. In *The*

Guilty Feminist schreibt die Autorin Deborah Frances-White, Selbstbewusstsein sei keine Qualität, die man einfach so habe, sondern das Ergebnis des Feedbacks, das man ein Leben lang erhalten hätte. Um Selbstwert zu entwickeln, brauche es positive Bestätigung, Lob und Erfolge. Niemand könne einfach so aus sich heraus Selbstbewusstsein entwickeln.[14]

Kein Wunder also, dass ich dachte, ich wäre innerlich versaut. Nun ist ein „fauler Kern" wissenschaftlich gesehen natürlich Blödsinn und niemand kommt „verschimmelt" auf die Welt. Doch so sah nun einmal mein trauriger Versuch aus, eine Erklärung für meine innere Qual sowie die beruflichen und sozialen Probleme zu finden. Ich gab wahlweise mir selbst oder meiner Herkunft die Schuld. Ich hatte stark mit <u>internalisiertem Rassismus</u> und Klassismus zu kämpfen, ebenso wie mit Traumata aufgrund von und *zusätzlich* zu meiner Neurodivergenz. Ich war nicht umsonst zehn Jahre in Therapie.

Aber auch, als alle Kindheitstraumata besprochen und alle Probleme analysiert worden waren, stellte sich keine Selbstliebe ein. Keine Heilung, kein Glücklichsein. Ich dachte, dafür müsse ich mir nur ein bisschen mehr Mühe geben. Mein Glück läge doch nun in meiner eigenen Hand. Doch das fehlende Puzzlestück – von dem ich nicht wusste, dass es fehlte – war die Neurodivergenz. Erst die Diagnose gab mir die Möglichkeit, langsam zu lernen, mich selbst zu akzeptieren.

---

[14] Frances-White (2018), S. 71.

Schrödingers Autismus, oder auch: Darf es noch eine Störung sein?

Die Zeit nach der ADHS-Diagnose war berauschend. Ich konnte nicht an mich halten, meine Erkenntnisse in die Welt zu brüllen. Ich schrieb meine intimsten Gefühle ins Internet und plauderte all meine „Geheimnisse" aus, als gäbe es kein Morgen. Als wäre eine Schleuse geöffnet worden, hatte ich den unwiderstehlichen Drang, alle unterdrückten Gefühle, peinlichen Angewohnheiten, Ansichten und Erfahrungen mit der Welt zu teilen. Alles, was ich bisher verschwiegen hatte, musste so blumig wie möglich, schmerzhaft, akkurat, witzig und brutal ehrlich in die Außenwelt getragen werden. Meine Selbsttherapie bestand daraus, mich von innen nach außen zu stülpen und das Gegenteil von dem zu tun, was ich bis dato gelernt hatte. Ich ließ jedes schambehaftete Detail, jede Absurdität und jeden komischen Gedanken heraus.

Doch bereits wenige Monate nach meiner ADHS-Diagnose beschlich mich das nagende Gefühl, dass es das noch nicht gewesen war. Durch meinen Beruf als Content Creatorin teilte ich nicht nur mein ADHS-Outing, schrieb unentwegt über alle meine Selbsterkenntnisse und teilte persönliche Erfahrungen, ich war auch im stetigen Austausch mit anderen Betroffenen. Und dabei stellte ich zum einen fest, dass einige sehr typische ADHS-Ausprägungen bei mir entweder nicht vorlagen oder aber, dass diese von einem anderen Teil in mir massiv bekämpft wurden.

Und je mehr ich mich mit der Materie beschäftige, desto stärker schien dieser Teil hervorzustechen. Obwohl ich mich eindeutig mit ADHS identifizierte, nagte der Zweifel an mir, ob ich nicht in Wahrheit eine Betrügerin war, die sich widerrechtlich Diagnosen aneignete. Viele Monate später sollte ich von meiner Autismus-Diagnostikerin erfahren, dass der Zweifel an der Diagnose bei beinahe allen Betroffenen dazugehörte.

War es denn wirklich meiner ADHS zuzuschreiben, dass ich schon immer extremes Unwohlsein dabei hatte, Menschen in die Augen zu sehen? Dass ich eine Wohnung brauchte, die akribisch ordentlich war und durchdrehte, wenn die Küchenwaage nicht rechts vom Herd stand, sondern links? War es auf meine ADHS zu schieben, dass ich von sozialen Protokollen überfordert war, den allermeisten Menschen aus dem Weg ging und in meinen früheren Arbeitsstellen regelmäßig dadurch auffiel, dass ich in den Pausen nicht socializen wollte, sondern lieber ein Buch las?

Konnte man wirklich der ADHS die Schuld daran geben, dass ich Sonne nicht ertrug, draußen sein für mich beinahe immer eine Qual war, ich bei Ausflügen und im Urlaub regelmäßig so sehr litt, dass mein Nervensystem komplett herunterfuhr und ich zu einem energielosen Häufchen Elend wurde, das nur heulen wollte? Hatten andere Menschen mit ADHS auch das Problem, dass sich Vogelgezwitscher für sie anhörte, als würden jemand ihren Kopf mit einem Presslufthammer bearbeiten? Und wollten sie in Menschenmengen auch am liebsten wegrennen? Konnten sie Bahnfahrten, Supermarkt-Besuche und Menschen-ansammlungen auch nur ertragen, wenn sie Kopfhörer mit Active Noise Cancelling trugen?

„Es ist ein Spektrum", versicherte mir meine Therapeutin und auch meine Freundin und Podcast-Partnerin Lisa vermittelte mir immer wieder, dass neurodivergente Menschen viele Gemeinsamkeiten aufweisen und sich nicht alles so leicht trennen ließ. Menschen mit ADHS haben viele Überschneidungen mit autistischen Menschen und auch Personen mit PTBS haben auf meine veröffentlichten Artikel schon des Öfteren geschrieben, wie sehr sie sich in meinen Erfahrungen wiederkennen würden. Auseinanderzuklamüsern, was exakt in welche neurodivergente Schublade gehört und welches Label zu welchem Symptom passt, ist manchmal leicht, manchmal schwierig, manchmal unmöglich.

Und doch ließ mich der Gedanke nicht los, dass bei mir mehr los war als nur die ADHS. Ich widmete mich wieder dem Thema Autismus und las dazu viele Erfahrungsberichte. Doch sah ich mich weder gänzlich in den Erfahrungen anderer ADHSler:innen noch in denen von reinen Autist:innen. Ich zweifelte an meiner ADHS-Diagnose, weil ich das Gefühl hatte, nicht „gestört genug" dafür zu sein. Nicht alle Probleme zu haben, mit denen anderen Betroffene sich auseinandersetzen mussten. Und dann stieß ich auf Menschen, die beide Diagnosen hatten und die von den Auswirkungen der Doppeldiagnose berichteten. Meine Vermutung wurde bestätigt, dass ich ebenfalls AuDHS haben könnte. Die Kombination aus ADHS und Autismus.

Ich wurde oft gefragt und habe mir selbst tausendmal die Frage gestellt, warum mir die zweite Diagnose so wichtig war. Schließlich bestätigte die ADHS-Diagnose bereits meine Neurodivergenz, die Schwierigkeiten meiner Kindheit und Jugend sowie mein ewiges Gefühl, anders als die anderen zu sein. Die Symptome, die ich meinem potenziellen Autismus – oder wie ich ihn in der Zeit vor meiner Diagnose liebevoll nannte: Schrödingers Autismus – zuordnete, waren schließlich *da*, selbst wenn ich keinen offiziellen Stempel in meine Akte bekommen würde. Ich würde auch ohne Diagnose nichts von meiner Hochsensibilität, meiner sozialen Unbeholfenheit und meinen strengen „Das muss so und nicht anders!"-Regeln verlieren.

So unternahm ich den Versuch, „einfach neurodivergent" zu sein. Monatelang redete ich mir ein, dass eine weitere Diagnostik viel zu teuer, anstrengend und im aktuellen gesellschaftlichen Klima sowieso unmöglich zu bekommen war. Selbstdiagnosen sind valide, sagte ich mir immer und immer wieder. Eine Überzeugung, die ich in jeder Hinsicht vertrete und bei anderen Menschen ohne Wenn und Aber akzeptiere, aber mir selbst leider nicht zugestehen konnte. Auch der Versuch, mich lediglich mit „Hochsensibilität" zu identifizieren und es einfach dabei zu belassen, halfen mir nicht recht weiter. Natürlich *war* ich hochsensibel, aber das war aus meiner Perspektive eher ein Symptom meiner Neurodivergenz und nicht die Neurodivergenz selbst.

Ich kaute meine Symptome immer und immer wieder mit Freundinnen und meinem Partner durch. Ich führte ein- und dieselben Gespräche, bis ich mich selbst an den Rand des Wahnsinns trieb. Als Philosophin und Berufsgrüblerin habe ich leider die Gabe, Argumente für und gegen *alles* zu finden, wechselte unglücklich zwischen Verteidigerin und Staatsanwältin der Causa Autismus. Ich quälte mich selbst mit dem neurotischen Auseinanderpflücken meiner Person, Kindheit und Jugend. Und wünschte mir dabei nichts sehnlicher, als meinen Symptomen endlich einen wissenschaftlichen Begriff zuordnen und sie ordentlich in Klarsichtfolie abheften zu können. Psychische Ruhe zu finden.

Doch die Angst, dass die Diagnostik nicht der krönende Abschluss meiner Selbstheilungs-Analysen-Reise sein, sondern mich mit noch mehr Fragen und Zweifeln zurücklassen würde, saß mir tief im Nacken. Ich verfluchte mich dafür, dass ich meine Diagnose und meine Neurodivergenz mit der Öffentlichkeit geteilt hatte. Fühlte mich im Rampenlicht, als wäre meine Reise nicht nur meine eigene, als müsste ich auch noch die Erwartungen anderer erfüllen. Ich kämpfte mit Panik, einem riesigen Imposter-Syndrom, hatte panische Angst, als Lügnerin entlarvt zu werden und als Person, die sich fälschlicherweise Symptome aneignete. Es schien mir zu schön, um wahr zu sein, *eine weitere* Erklärung für meine Persönlichkeit und Probleme gefunden zu haben. War es nicht absurd praktisch, dass es eine Störungskombination gab, die direkt auf *mich* zutreffen sollte, mit der ich mich nicht mehr wie eine Betrügerin fühlen musste?

Schließlich sah ich ein, dass kein Weg an einer weiteren Diagnostik vorbeiführen würde. Ich hatte das Privileg, mir eine private Diagnostik leisten zu können, und bekam dadurch vergleichsweise schnell einen Termin. Fünf Monate wartete ich darauf. Viel zu lang und doch beinahe nichts im Vergleich mit anderen, die manchmal Jahre auf ihren Termin warten müssen. Fünf Monate, in denen ich mir jedes Horrorszenario der Welt ausmalte.

Der Graubereich, in dem ich mich befand, autistisch und nicht-autistisch zugleich, war unerträglich. Durch meine massiven Zweifel wurde das Thema Autismus zu einer eiternden Wunde. Ich erklärte anderen mit der Vorsicht einer Bombenentschärferin, warum ich *glaubte*, autistisch zu sein, und schämte mich dabei entsetzlich. Wie peinlich war ich bitte, zu glauben, ich könnte eine ernst zu nehmende Entwicklungsstörung haben? Durfte ich das? Oder sollte ich nicht am besten einfach den Mund halten?

Je näher mein Diagnostik-Termin rückte, desto elender fühlte ich mich. Ich war depressiv, mein Zyklus bestand nur noch aus PMS, ich war schlecht gelaunt, reizbar, ängstlich, wütend. Meine Panik vor den Konsequenzen einer Nicht-Diagnose stieg ins Unermessliche. Was würde das für mich bedeuten? Müsste ich mich dann auf die Suche nach einer anderen Diagnose machen, die mir mein Leben und meine Symptome erklärte? Könnte ich es dabei belassen? Was würde mein Umfeld sagen, nachdem ich so viel über das Thema gesprochen und mir so sicher gewesen war? Ich hatte das Gefühl, ich würde auf das Urteil des Jüngsten Gerichts warten. Es war dramatisch. Ich versuchte, mir einzureden, dass meine Symptome auch ohne Diagnose valide waren, aber glaubte mir selbst kein Wort. Ich redete mir gut zu, hörte aber nicht darauf.

Am Diagnostik-Tag war ich so aufgeregt, dass ich Angst hatte, mich mitten im Gespräch zu übergeben. Um meine Bedürfnisse als hochsensible Person zu wahren, hatte ich mich dafür entschieden, die

Diagnostik in einem Videocall abzuhalten. Mit meinem Freund baute ich aufwendig mein Mikrofon und Kamera-Equipment auf. Ich hatte Panik, innerhalb eines Videocalls sonst nicht klar genug wahrgenommen zu werden. War es ein Fehler gewesen, nicht zur Diagnostik-Stelle hingefahren zu sein? Vielleicht hätte der Stress der Reise zu einem authentischeren Eindruck meines Leidensdrucks führen können. Anders gesagt: Ich fragte mich, ob ich mich selbst hätte quälen müssen, um ernstgenommen zu werden. Ein vertrautes Motiv in meinem Leben.

Die Zeit zwischen meiner Diagnostik und dem Auswertungsgespräch war lang für mich. Nicht einmal 24 Stunden in Echtzeit, aber ich hatte das Gefühl, als verginge ein ganzes Leben. Ich fühlte so gut wie nichts mehr. War ein Luftballon, aus dem man die Luft gelassen hatte. Ich war nur noch leer und elend. Als ich einen Tag später um 9 Uhr vor dem Laptop saß, keine Kraft zuvor, meine fettigen Haare zu waschen, betrachtete ich mich selbst in der kleinen Kamera und fragte mich, wer diese Frau war.

Ich sah schrecklich aus, fummelte wie wild an meinen Haaren herum, band mir einen Zopf und ließ ihn wieder fallen. Ich war so fahrig, dass ich beinahe vom Boden abgehoben wäre. Ich hörte die Worte: „Die Diagnose hat sich bestätigt". Sofort brach ich in Tränen aus und schämte mich dafür. Gleichzeitig dachte ich, dass es doch auch eigentlich scheißegal war. Mein Weinen war das Ergebnis von Erschöpfung und unendlicher Erleichterung, endlich ernstgenommen und bestätigt zu werden in dem, was ich innerlich schon immer gewusst hatte. Ich fühlte alles gleichzeitig: Freude, Dankbarkeit, Trauer um die vielen schrecklichen Jahre, Scham und als würde mir ein riesiger Stein vom Herzen fallen.

Ich entschuldigte mich, aber mir wurde versichert, dass es normal sei, zu weinen. Neurotypische Menschen würden sich nicht über die Attestierung einer psychischen Behinderung freuen. Das klang logisch. Wer nicht autistisch ist, wünscht sich sicher keinen Autismus. Wer aber autistisch ist, wünscht sich Erklärungen. Und die hatte ich nun endlich.

Vorurteile über Autismus

Über Autismus gibt es eine ganze Reihe falscher und verletzender Vorurteile. Vorurteile, die daraus entstanden sind, dass die längste Zeit Autismus nicht von Autist:innen selbst thematisiert und dominiert wurde, sondern von <u>allistischen</u> Menschen. Das Problem ist, wie bei allen Fremdzuschreibungen, dass allistische Menschen von *sich selbst*, ihren Erfahrungen und dem, was sie von außen an Autist:innen *sehen* konnten, ausgingen.

Autismus wurde und wird auch noch heute dadurch klassifiziert und diagnostiziert, welches *Verhalten* eine Person an den Tag legt. Verhalten aber ist niemals eine 1:1-Abbildung des Inneren. Zwei autistische Menschen können dasselbe Gefühl haben und dennoch völlig unterschiedlich handeln. Während beispielsweise beide völlig überwältigt von äußeren Reizen sind, bekommt die eine einen offenen <u>Meltdown</u> und schreit herum, während die andere stumm wie ein Fisch wird und ihre Emotionen nach innen kanalisiert. Beide leiden, aber der ersten sieht man es mehr an. Ist sie dadurch *mehr* autistisch? Natürlich nicht.

Die autistische Autorin Paige Layle schreibt in ihrem Buch *But everyone feels this way,* das Problem sowohl bei der fachlichen Beschreibung als auch bei der Diagnose von Autismus sei die Orientierung an einem verhaltensorientierten Ansatz. Untersucht und beschrieben würde vor allem das sichtbare Verhalten von autistischen Menschen, obwohl dieses niemals eine Eins-zu-Eins-Übersetzung dessen sein könne, was ein Mensch tatsächlich *fühle*.[15]

Angesichts des unterschiedlichen Umgangs, den autistische Menschen mit ihren Symptomen haben, verwundert es nicht, dass einige Menschen wesentlich schneller und einfacher diagnostiziert werden als andere. Beispielsweise, weil sie ihre Symptome nicht maskieren oder weil ihr Autismus zu einer besonders starken sozialen und alltäglichen Behinderung führt. Auch unterschiedliche Biografien, Erfahrungen, Geschlechter, Elternhäuser, monetärer sowie sozialer Status und viele weitere Faktoren beeinflussen das Verhalten von autistischen Menschen stark.

Wenn aber diagnostische Kriterien darauf heruntergebrochen werden, dass der Ausdruck von einem inneren Erleben bei allen Autist:innen gleich ausfällt, kann dieses Unterfangen nur scheitern. Und die Leidtragenden sind alle Autist:innen, die aus Schema F herausfallen und so erst spät in ihrem Leben oder niemals diagnostiziert werden. Ohne Frage sind bei einem verhaltensorientierten Ansatz der Diagnose vor allem die Menschen im Nachteil, die in Autismus-Forschung gar nicht erst einbezogen wurden. Das sind vor allem weiblich sozialisierte, trans und nicht-weiße Menschen oder solche mit weiteren psychischen Störungen und Erkrankungen, die sich gegenseitig verstärken oder verbergen.

Hinzu kommt, dass Autismus – wie der volle Name bereits sagt – ein Spektrum ist. Das bedeutet, dass Autist:innen verschiedene Ausprägungen von Symptomen haben können. Einige kommunizieren verbal, andere nonverbal. Manche Autist:innen brauchen mehr Hilfe im Alltag und ihrem

---

[15] Layle, Paige (2024), S. 15.

Leben, sie unterscheiden sich in ihrer Intelligenz, dem Grad der Behinderung, ihrer sensorischen Empfindlichkeit und mehr. Genauso wie neurotypische Menschen nicht alle gleich sind, sind auch Autist:innen Individuen.

Und doch liegt die Interpretationshoheit noch heute bei denen, die gar nicht betroffen sind. Ist eine Person *aus Perspektive einer allistischen Person* eher in sich selbst zurückgezogen, spricht sie mit niemandem, ist sie unhöflich, vorlaut, beleidigend, versteht keine sozialen Prozesse und beschäftigt sich lieber mit sich selbst? Kriegt sie häufig Wutanfälle und verdirbt allen den Spaß? Ist sie verwirrt, obwohl man ganz „normal" mit ihr redet, und scheint nicht in der Lage, die alltäglichsten Aufgaben zu bewältigen? Hat sie noch andere „Defizite", die die neurotypische Mehrheit stören? Dann muss sie wohl autistisch sein!

Das Problem bei diesem Ansatz der Diagnostik, aber auch bei der Beschreibung und Einordnung autistischer Menschen ist, dass die Wahrheitshoheit und Perspektive immer bei der vermeintlichen Mehrheit, also neurotypischen Menschen liegt. Das führt einerseits zu Othering – einer Sichtweise, die zwischen den „Normalos" und diesen *„Anderen"* unterscheidet. Auf der anderen Seite impliziert man damit, dass die Innenperspektive von autistischen Menschen keine Rolle spielt.

Niemand fragt nach, warum als autistische Person soziale Events oft nur unter großer Überwindung oder gar nicht möglich sind. Warum der laute Verkehr, die tosende Großstadt, Menschengruppen, Sightseeing, die hellen Lichter im Elektromarkt und verschiedene Kleidungsstücke nicht ertragen werden können – und es interessiert auch keinen. Weil der Fokus vor allem auf dem Thema äußerer Wahrnehmung und sozialer Funktionalität liegt.

Paradoxerweise sehen allistische Menschen in der Regel keinen Grund dafür, autistische Menschen verstehen zu wollen, heben im Gegenzug aber stets hervor, wie *unempathisch* diese seien.

Autismus in den Medien

Auch Fernsehserien und Filme mit einer klischeehaft-problematischen Darstellung von Autismus tragen dazu bei, das autistische Seelenleben zu ignorieren und stattdessen das Verhalten zu entfremden, zu verhöhnen und im schlimmsten Fall als massiven Charakterfehler darzustellen.
Autistische, behinderte und psychisch kranke Menschen werden in Filmen und Serien gern als Kuriosum und Unterhaltungsfaktor genutzt. Dabei geht es oft nicht um sie selbst, sondern um die Wirkung, die sie auf neurotypische Menschen haben. Manchmal nutzt man sie als <u>Inspiration Porn</u>, mal zur Abgrenzung, als Ekel- und Cringe-Faktor, als Punchline oder bewundernswertes Intelligenz-Phänomen. Selten werden sie als normale Menschen gezeigt, die neben der erzählten Geschichte einfach zusätzlich behindert, krank oder neurodivergent sind.

In den meisten Fällen ist es ihr „Anderssein", das die Geschichte, den Humor und die Spannung ausmacht. Besonders perfide ist dabei, dass Figuren, die eindeutig autistische Symptome zeigen – man denke an Sheldon Cooper aus *The Big Bang Theory,* Sherlock Holmes aus der Serie *Sherlock,* Dr. Gregory House in *Dr. House* oder Beth Harmon in *Queens Gambit* – nicht die korrekte Bezeichnung bekommen. Stattdessen nennt man sie innerhalb der Geschichte lieber „schrullig" oder „verrückt", deutet eine Behinderung höchstens an, hält sich aber von Diagnosen und medizinischer Fachsprache fern.

Vielleicht, weil man ein Stigma fürchtet, vielleicht aber auch, damit man sich „interessanter" autistischer Eigenschaften wie dem Savant-Syndrom bedienen kann, ohne auf eine authentische Darstellung achten zu müssen. Und natürlich, damit eindeutig autistische Verhaltensweisen weiterhin als Punchline dienen können, ohne dass man sich Ableismus-Vorwürfen stellen muss. Diversität, Repräsentation und eine authentische Darstellung stehen dabei ebenso wenig im Vordergrund wie die Besetzung dieser Rollen mit echten Autist:innen.

Die sich wiederholende Darstellung eines ganz bestimmten Autismus-Typen in den Medien hat bei mir zu der Vorstellung geführt, das herausragendste Merkmal hierbei wäre das Savant-Syndrom. Also eine Inselbegabung, wie zum Beispiel ein herausragendes Zahlenverständnis. Während ein signifikanter Teil der inselbegabten Menschen tatsächlich autistisch ist[16], ist beides keineswegs deckungsgleich.

Fiktive Berühmtheiten wie Sheldon Cooper, Sherlock oder Dr. House implizieren, dass alle Autist:innen intellektuell herausragende, aber zynisch-gemeine Roboter sind, die kein Interesse an den Gefühlen anderer Menschen haben. Hinzu kommt, dass Autist:innen in Filmen und Serien fast immer weiße Männer sind, die ihren Autismus nicht maskieren und zusätzlich schlichtweg Arschlöcher sind. Die mediale Darstellung von Autist:innen als soziale Problemfälle wird ergänzt durch massive Arroganz und Überheblichkeit, Sexismus sowie einem Gott-Komplex bei jenen Figuren. Sie bedient das Klischee des männlichen, unergründlichen Genies, das aufgrund seiner Gabe befreit von moralischen Zwängen ist und schalten und walten kann, wie es möchte.

Tatsächlich haben die meisten Autist:innen größere oder kleinere Schwierigkeiten dabei, mit allistischen Menschen zu kommunizieren. Sei es die Abneigung gegenüber Small Talk, die Problematik, die eigenen

---

[16] https://de.wikipedia.org/wiki/Inselbegabung.

Grenzen und Reizfilterschwierigkeiten zu erklären oder das Gefühl, einfach nicht auf einer Wellenlänge zu sein. Viele Autist:innen nutzen Sprache anders und sprechen nur über Dinge, die sie auch interessieren. Sie sehen keinen Nutzen darin, einfach nur für den „Vibe" ein Gespräch zu führen, mit Floskeln um sich zu werfen und unnütze soziale Erwartungen zu erfüllen. Ich kenne keine:n Autist:in, die oder der es nicht unglaublich ermüdend findet, wie allistische Menschen kommunizieren. Aber ich kenne ebenfalls so gut wie keine:n Autist:in, die oder der sich nicht aktiv sehr lange darum bemüht hat, *dennoch* den Versuch zu starten, zu kommunizieren – so, wie allistische Menschen es präferieren.

Mich fanden in meinem Leben schon unendlich viele Menschen furchtbar. Oft, ohne dass ich auch nur ein Wort mit ihnen gewechselt habe. Viele dachten auch, ich würde *sie* hassen, obwohl ich nichts dergleichen je geäußert hatte und nicht so empfand. Sie empfingen von mir offenbar negative Signale, auf die ich keinen Einfluss hatte. Ich wurde als unsozial betitelt, immer wieder dazu aufgefordert, mich Gruppen und Aktivitäten anzuschließen.

Ich wurde ausgeschimpft, wenn ich Unternehmungen nicht genoss, mich beschwerte und vermeintlich nichts mochte. Ich bin überzeugt davon, dass viele Menschen, sowohl Fremde als auch mir nahestehende Personen, schon oft dachten, dass ich furchtbar anstrengend, nervig und empfindlich sei. Ich möchte gar nicht sagen, dass ich immer ein Engel war. Ich *war* für viele sicher auch oft anstrengend. Doch die wenigsten fragten jemals sich selbst oder mich, warum ich eigentlich so empfindlich und scheinbar nicht zufriedenzustellen war. Diese Erfahrung macht es für mich besonders schmerzhaft, wenn Menschen dem (medialen) Klischee glauben, alle Autist:innen wären unsympathisch, egoistisch und empathielos.

Diese Ansicht ist nicht nur unglaublich ableistisch und beruht auf Klischees, sondern lässt weiterhin außer acht, wie stark insbesondere weiblich sozialisierte und spätdiagnostizierte Autist:innen durch Masking und People-Pleasing beinahe verzweifelt bemüht darum sind, möglichst sympathisch und „einfach" im Umgang zu sein. Oft auf Kosten ihres eigenen Wohlbefindens und ihrer Gesundheit.

Leben, Alltag und Symptome

Das innere und äußere Kind

Meine Eltern ließen sich scheiden, als ich fast sechs Jahre alt war. Fotos, Videoaufnahmen und Erzählungen meiner Familie prägen das Bild, das ich vor der Scheidung von mir selbst in dieser Zeit habe. Videoaufnahmen aus meiner Kindheit zeigen ein kleines Mädchen mit schwarzen Locken, dessen wilde Aufregung und körperliche Vibrationen hart gegängelt wurden. Eins, das singend an seinem Tisch malt oder mit ihrem Vater Grimassen schneidet. Ein Kind, das bei seiner Einschulung in die Vorschule stolpernd auf die Bühne rennt, während ein Familienmitglied im Off des Videos hämisch lacht und kommentiert: „Charlotte fliegt mal wieder hin". Als ich diese Aufnahme als erwachsene Person sah, fühlte ich einen Kloß im Hals ob der vertrauten Scham, die über mich hinwegrollte. Der Film war wie ein Wurmloch zu den Empfindungen meines fünfjährigen Ichs.

Ich war ein chaotisches Kind ohne Sinn für Ordnung und Sauberkeit, und wenn ich nicht gerade wie in Trance meinen Spiel- und Malprojekten nachging, rannte und tobte ich durch die Wohnung, malte Teppiche aus, schnitt mir meinen eigenen Pony ab, tigerte über das Sofa, anstatt still am

Tisch zu sitzen, und sollte oberkörperfrei essen, damit ich mir nicht schon wieder meine gesamte Kleidung bekleckerte.

Meine Familie beschrieb mich später als Sonnenschein mit immer guter Laune und einem Lächeln für jede Person. Einfach, genügsam, verspielt und fröhlich. *Lieb.* Meine Erinnerung ist weniger positiv. Ein prägendes Gefühl meiner Kindheit war die Angst davor, etwas falsch zu machen. Ich hatte das Gefühl, dauernd Mist zu bauen, und lebte in ständiger Furcht, dass ich unabsichtlich etwas tat, mit dem ich Erwachsene verärgerte. Doch so sehr ich mir auch Mühe gab, ich konnte es einfach nicht verhindern, dass mir Dinge passierten, auf die ich scheinbar keinen Einfluss hatte. Ich wischte versehentlich Gläser vom Tisch und ließ krachend das Besteck fallen. Ich rannte mit dem Knie gegen den Türrahmen und riss Möbel um, während ich durch die Wohnung hetzte. Ich verlor Mützen und Handschuhe, zerstörte unabsichtlich die Barbies meiner Schwester und ließ meinen Turnbeutel mehrmals im Bus liegen. Ich war eine „Trödelliese" und ein „Polterheini". *Flog* von Zimmer zu Zimmer, weil ich nicht anders konnte. Ich lachte und tobte so laut, dass ich pausenlos ermahnt wurde, leiser zu sein.

Ich erlebte abschätzige Blicke auf meine schmutzigen Hosen, Kommentare über meine Ungeschicklichkeit und Spielsachen, die wie von Zauberhand nach fünf Minuten kaputt waren, obwohl ich hätte schwören können, dass ich *nichts* gemacht hatte. Ich wollte nichts mehr, als alles richtig zu machen, doch hatte keine Ahnung, wie ich das anstellen sollte. Die Dinge entzogen sich völlig meiner Kontrolle und ich hatte das Gefühl, dass mir Sachen einfach *passierten.*

Meine Grundschulzeit wurde vom Gefühl der massiven Überforderung dominiert. Ich wusste die Hälfte der Zeit nicht, was um mich herum passierte. Ich passte im Unterricht nicht auf, vergaß meine Utensilien und wunderte mich, warum meine Hefte und Bücher aussahen wie durch den Schredder gezogen. Am Boden meiner Schultasche sammelten sich kaputte Skulpturen aus dem Kunst-Unterricht, zerfetzte Mathehefte und Elternzettel, die niemals das Licht der Welt erblicken sollten. Ich machte keine Hausaufgaben, passte nur auf, wenn ich etwas besonders spannend fand, und war so herausragend in Deutsch wie abgrundtief schlecht in Mathematik. Ich hatte keine Nerven oder Geduld zu lernen und entweder konnte ich Sachen einfach oder eben nicht. Einige Lehrkräfte hielten mich für brillant, andere wollten mich in den Förderunterricht stecken.

Mein allergrößtes Hobby in dieser Zeit waren Bücher und Sprache. Ich las stundenlang, tagelang, nächtelang. Ich kannte die Inhalte meiner riesigen Büchersammlung auswendig und legte eine Liste aller Bücher an, die ich je gelesen hatte. Schließlich wollte ich mich auch an meine Bibliotheksschätze erinnern und archivierte ihre Titel. Ich legte mir ein Notizbuch an, in dem ich Fremdwörter und Fachbegriffe sammelte. Bei fast allen erinnerte ich mich genau daran, wann und wo ich sie zum ersten Mal gehört habe.

Durch mehrere Umzüge nach der Scheidung meiner Eltern besuchte ich insgesamt drei verschiedene Grundschulen. Ich wechselte meine Freundinnen und meinen Klassen-Status wie Unterhosen, ohne das Gefühl, darauf Einfluss zu haben. Ich war Außenseiterin, Klassenclown, Teilzeit-Anhängsel der Coolen-Clique, Streberin, Klassensprecherin, Schulsprecherin, Heulsuse, Stunkmacherin und immer wieder Mobbing-Opfer. Es gab keine Regeln, außer, dass ich nie die Kontrolle über Dinge hatte. Alles passierte einfach und ich wusste nie, wieso. Ich verstand nicht, warum schon wieder alle auf mich wütend waren, warum ich an einem Tag mit dem beliebtesten Mädchen der Klasse verabredet war und an anderen Tagen aus der Gruppe ausgeschlossen wurde.

Ich bin nie gerne zur Schule gegangen. Schon als Kind hasste ich es, wenn Menschen mir sagten, was ich zu tun und zu lassen habe. Ich war wütend auf meine mangelnde Freiheit, den Schlaf, der mir genommen wurde und die Tatsache, dass ich lernen musste, was ein externer Plan vorgab. In manchen Fächern ging es mir viel zu langsam voran, während ich in anderen nicht mitkam. Mein eigenes Tempo schien nie angemessen zu sein. Ich mochte keine Lehrkräfte und Autoritäten und fühlte mich permanent zu alt und „herausgewachsen" aus meinen Situationen. In der Grundschule konnte ich es nicht erwarten, aufs Gymnasium zu kommen, und im Abitur sehnte ich mich nach nichts mehr als dem Studium. Ich wollte nie Kind sein, sondern erwachsen werden, ausziehen, alleine wohnen, selbst Entscheidungen treffen, von niemandem abhängig sein und mein eigenes Geld verdienen. Die Schule war für mich ein Gefängnis, das mich davon abhielt, ich selbst sein zu können.

Die anderen Kinder – inklusive meiner Freundinnen – schienen jeden Tag neu zu entscheiden, ob sie mich mochten oder nicht. Ich fühlte mich nie sicher und hatte das Gefühl, dass meine Qualitäten täglich neu verhandelt wurden. Vor allem die Jungs machten keinen Hehl daraus, dass sie mich nicht ausstehen konnten. Ich wurde regelmäßig geärgert und trug offensichtlich sämtliche Triggerpunkte wie auf einem Silbertablett vor mir her. Ich dachte, ich könnte mich aus Hänseleien *herausargumentieren*.

Wenn ich den anderen nur logisch erklären konnte, warum sie falschlagen, müssten sie mich in Ruhe lassen, dachte ich. Ich versuchte zu beweisen, dass die Dinge, die sie über mich sagten, einfach nicht stimmten, und begriff nicht, dass es in Wahrheit gar nicht um die Inhalte ging. Dass ich mich damit stattdessen zu einem wesentlich unterhaltsameren Opfer machte. Ich war wie ein Bulle, der umso härter ausschlug, je fester das Geschirr angezogen wurde. Man konnte fantastisch mit mir und meinen Emotionen spielen.

Umso beschämender ist die Tatsache, dass meine schmerzhaften Mobbing-Erfahrungen in der Schule mich nicht davon abhielten, später selbst oft die Gelegenheiten zu nutzen, grausam zu anderen Kindern zu sein. Ich tat viel, um „auch einmal" über anderen zu stehen, und trat nicht selten nach unten, teilte oftmals sogar gegen Klassenkamerad:innen aus, die ebenfalls als „seltsam" galten. Im Versuch, mich von diesen abzugrenzen und meinen eigenen Wert zu erhöhen, machte ich mich häufig lustig über andere Kinder, manchmal sogar meine eigenen Freundinnen. Ich wünschte, ich könnte sagen, dass mein eigenes Unglück mich sensitiv für die Verletzlichkeit von anderen machte, doch leider war häufig das Gegenteil der Fall. Stattdessen hatte ich lange Zeit die Tendenz auszuteilen, und brauchte Jahre der Therapie, um auch mein eigenes Fehlverhalten gegenüber anderen zu erkennen und zu reflektieren.

Wenn es nicht nur die Neurodivergenz ist

Im Alter von sechs bis zehn wohnte ich allein bei meinem Vater. Dies war die einsamste und chaotischste Zeit meines Lebens. Ich war sehr stark auf mich alleine gestellt, denn mein Vater war emotional und körperlich viel abwesend. Ich lernte in dieser Zeit, dass ich mich um mich selbst kümmern musste und die Schule meine private Angelegenheit war. Ich hatte keine Hilfe bei Hausaufgaben, niemand schaute in meine Schultasche, räumte mit mir auf oder erklärte mir meine Aufgaben. Wir beide lebten unser Leben fast separat voneinander und hatten ein distanziertes Verhältnis.

Ohne elterliche Partizipation in Hort und Schule, fühlte ich mich pausenlos überfordert, unvorbereitet und verloren. Ich schummelte mich durch meinen Alltag, den Unterricht und meine Hort-Zeit. Meine eigene Identität zwischen deutsch und kurdisch wurde damals durch den Unterschied zwischen dem Leben zu Hause und dem „da draußen" nur untermauert. Ich fühlte eine unsichtbare Barriere zwischen beiden Welten, die durch kulturelle Unterschiede nur noch verstärkt wurde. Ich musste mir selbst einen Reim aus dem Land und der Familie meines Vaters machen, weil wir darüber bewusst nie sprachen.

In dieser Zeit waren meine Freundinnen fast alle deutsch und hatten Eltern, die aktiv an ihrem Alltag beteiligt waren. Die sich kümmerten und die Lehrkräfte, Aktivitäten und Aufgaben ihrer Kinder „verstanden". Sie gehörten zu einem Club, in den ich nicht hereinkam, so sehr ich es mir auch wünschte. Ich verband meine sozialen Probleme, Mobbing-Erfahrungen und die Kritik an meinem Verhalten damit, dass ich nicht deutsch „genug" war. Schämte mich für meinen Namen, meine dunklen Haare und das Gefühl, dass es mir an kulturellem Wissen fehlte.

Je älter ich wurde, desto überzeugter war ich davon, dass ich die kurdische Seite in mir unterbinden und verleugnen müsse, um endlich besser reinzupassen und liebenswert zu sein. Ich wusste nichts mit meinem Erbe anzufangen, kannte kaum die Sprache und Kultur, besuchte nie den Ort, von dem mein Vater kam. Als ich mit zehn zu meiner Mutter zog, wurde das Verhältnis zu meinem Vater immer schlechter und heute haben wir keinen Kontakt mehr. Es fühlt sich so an, als wäre damit der kurdische Teil meiner Selbst endgültig nicht mehr erreichbar.

Jahrelang war mein oberstes Ziel die völlige Assimilierung an eine Gesellschaft, von der ich als ebenbürtig wahrgenommen werden wollte. Die Scham meiner Andersartigkeit und der fixen Idee, ich sei dadurch weniger liebenswert, vermischt sich mit der Scham über meinen eigenen internalisierten Rassismus. Als Erwachsene denke ich, es ist meine Aufgabe, stolz auf meine Wurzeln zu sein und mich damit zu beschäftigen und zu identifizieren.

Aber ich habe keinen Anhaltspunkt an die kurdische Kultur und so glotzt dieser Teil meines Lebens mich ausdruckslos an und keiner von uns beiden weiß etwas miteinander anzufangen.

Die Verleugnung dieses Teils führte seit meiner Jugend zu einer völligen Entfremdung und Dissoziation davon. Es ist wie eine offene Wunde, die eitert, sobald ich ihr meine Aufmerksamkeit schenke. Ich wünsche mir häufig, dass ich damals diesen Teil nicht so radikal abgelehnt hätte. Eine Umkehrung des Prozesses scheint mir aber unmöglich, zu groß ist nach wie vor die Scham und das Fremdeln gegenüber dieser Seite von mir. Sie ist wie ein dunkler Schatten und eine Erinnerung an mein Anderssein, an die traurigen Aspekte meinen Kindheit.

Mein internalisierter Rassismus ist eng verbunden mit den Komplexen aufgrund meiner Neurodivergenz. Beides lässt sich nicht voneinander trennen und ist zu einem Konglomerat der Neurose geworden. Noch heute fühle ich mich, als wäre ich stets auf der Flucht vor meinem alten Ich. Als müsse ich mich wieder und wieder abgrenzen und beweisen. Mobbing, rassistische Erfahrungen, Ableismus und Ausschluss verschmolzen zur Erkenntnis: Ich bin falsch.

Mein Alltag mit ADHS, oder auch: Ein Blick in meinen Kopf

Mein Alltag mit ADHS ist und war immer ziemlich abstrus. Es entspricht nicht meinem Naturell, eine einzelne Aufgabe am Stück zu erledigen, stattdessen mache ich lieber vier Aufgaben gleichzeitig, räume das Küchenregal um, während mein Blick auf den herumliegenden Staubsauger fällt, den ich sofort in die Hand nehme und damit losdüse. Dann fällt mir ein, dass ich dringend einen ärztlichen Termin ausmachen wollte, ich nehme mein Smartphone zur Hand, doch noch bevor ich anrufen kann, habe ich versehentlich Instagram geöffnet.

Was gibts Neues?

Mein Gehirn ist geprägt von der berechtigten Angst, eine Aufgabe zu vergessen. Ich will die Dinge daher sofort erledigen. Das mündet oftmals darin, dass ich alles parallel machen möchte und Dinge wild in den Raum hineinwerfe, damit ich eine physische Erinnerung habe, was getan werden muss. Mein Leben und Alltag kommen mir manchmal vor wie ein Videospiel, in dem sich mehr und mehr Nebenaufgaben auftun, je weiter ich voranschreite. Das ist ein Problem, weil ich es nicht schaffe, Prioritäten zu setzen, und schlicht kein Gefühl dafür habe, was als erstes erledigt werden muss. Ich habe kein Zeitgefühl und kein Gespür für meinen eigenen Energiestatus. So arbeite und erledige ich, bis mein Akku von einer Sekunde zur nächsten herunterfährt und ich einfach *überhaupt* nichts mehr tun kann. In solchen Momenten eine kurze E-Mail schreiben? Ebenso unmöglich wie jetzt einen Marathon zu laufen.

Ich trödele während des Sports so sehr, dass ich vier Stunden lang bummelig mein Krafttraining erledige und dabei den Großteil der Zeit TikToks schaue, nur um dann in der *einen* Stunde, die ich noch bis zu einem dringenden Termin habe, einkaufen zu gehen, zu essen, die Wohnung zu saugen, zu duschen und meine Haare zu föhnen. Ich bin der ineffizienteste *und* effizienteste Mensch der Welt, schaffe in langen Zeiträumen nichts und in winzigen Zeitfenstern die Aufgaben einer ganzen Woche.

Ich bin stets auf der Suche nach dem Kick. Wo finde ich ihn? Im Essen? Habe ich neue Abos bei Instagram? Gibt es einen tollen Song, den ich drei Tage lang hören kann bis zum letzten Tropfen Dopamin? Wie viele Likes hat mein Post? Cola würde sicher helfen. Und ich habe ganz vergessen, dass ich mir schon seit *mindestens* fünf Minuten nichts sehnlicher wünsche als neues Sportequipment für zu Hause.

Danke für Ihre Bestellung!

Das Wort „Vorfreude" existiert nicht in meinem Wortschatz. Denn Freude kann ich nur über Dinge empfinden, die ich bereits habe. Ich will alles sofort. „Morgen" ist dasselbe wie in sieben Wochen. Lieber gebe ich 20 Euro mehr aus, damit ich eine Sache sofort haben kann, als noch ein paar Stunden zu warten. Warten ist zermürbend und ich habe keinerlei Zeitgefühl. Habe ich mehr als drei Aufgaben an einem Tag, werde ich panisch, weil ich die Dauer der Erledigung nicht einschätzen kann. In meinem Kopf dauert es ähnlich lange, mein Schlafzimmer zu renovieren, wie eine einzelne Nachricht bei WhatsApp zu schreiben.

Abends gehe ich im Kopf immer wieder die Aufgaben für den nächsten Tag durch und das erschöpft mich so sehr, als hätte ich sie tatsächlich erledigt. Ich springe immer wieder auf, weil mir Dinge einfallen. Ich wollte ja noch kochen. Ich habe mein Wasser im Nebenraum vergessen. Kannst du noch mal den Film pausieren? Ich habe Hunger. Muss auf die Toilette, will noch schnell den Geschirrspüler ausräumen.

Nichts kann warten. 30 Sekunden Leerlauf fühlen sich an wie fünf Stunden. Um 8 Uhr aufgestanden und ein Termin um 14 Uhr führt zum Wartemodus, in dem ich nichts erledigen kann. Forcierte „Pausen" führen zur Paralyse. Vor einem Vortrag kann ich nichts erledigen vor lauter Panik, dass ich einfach *vergessen* könnte, dass ich ihn halten muss. Dann also lieber fünf Stunden am Küchentisch gesessen und lustlos durchs Handy scrollen. Zum Frühstück treffen, wenn ich danach arbeiten muss? Ich bin doch nicht wahnsinnig!

Videos schaue ich am liebsten auf Englisch, mit schnellen Schnitten oder direkt auf doppelter Geschwindigkeit. Höre Podcasts beim Kochen oder schaue Serien dabei. Beim Lesen brauche ich Musik, weil ich sonst nicht mental ausgelastet bin. Ich kriege optisch oft nicht besonders viel meiner Umwelt mit, trage Scheuklappen und habe einen Wischiwaschi-Blick. Ich scanne Dinge nur flüchtig, nehme nur das wahr, was mein Gehirn als relevant anzieht. Oft weiß ich nicht mehr, wie Menschen aussahen, mit denen ich gesprochen habe, weil ich in Gedanken bin. Ich träume beim Fahrradfahren vor mich hin, während neben mir die Autos hupen. Ich stolpere und falle Stufen herunter, weil ich so angestrengt nachgedacht habe. Entkomme mehrmals am Tag Beinahe-Unfällen.

Nägelkauen, Lippen beißen, Haut abknibbeln. Ich pule, popele, spiele herum. Meine Finger sind wie Kraken auf der Suche nach Beschäftigung. Nickerchen und Entspannung lösen Druck aus, kuscheln unerträgliche Langeweile. Warum passiert nichts? Warum passiert so viel? Mein Leben ist eine emotionale Sinus-Kurve. Kleinigkeiten führen zu Wutanfällen. Meine Haut ist wie Butterbrotpapier, durch das die ganze Welt durch-fettet.

Ich vergesse viel Wichtiges, aber erinnere mich an Details aus Büchern, die ich mit zwölf gelesen habe. Nicht einmal in meinem Leben habe ich an der Supermarktkasse an den Pfandbon gedacht. Mein Handy ist voll von Memos, die ich sehe und auf den nächsten Tag verschiebe. Ich weiß nicht mehr, was ich eben dachte und sagen wollte. Habe ich es nicht aufgeschrieben, ist es weg. Schnell noch ein Foto vom ausgestöpselten Glätteisen gemacht und siebenmal zurückgerannt, ob die Tür auch wirklich abgeschlossen ist. Hoffentlich explodiert die Wohnung nicht.

Ich habe es aus Prinzip eilig. Für Packungsbeilagen und Anleitungen habe ich keine Geduld. Überfliege jeden Text. Schleudere die Kaffeekanne unter den Wasserhahn. Renne ins Bad. Erledige alles mit zu viel Schwung und bin so achtsam wie ein Kolibri. Die Kühlschranktür bleibt offenstehen. Die Wasserflasche ist nicht zugedreht. Der Kaffeebecher läuft in meiner Tasche aus. Mein Handy liegt im Bad. Ich hatte meinen Schlüssen doch eben noch in der Hand!

Mein gestörter Reizfilter – Fühlen auf 100%

Ich bin hochsensibel. In meinem Gehirn werden Reize nicht so gefiltert wie bei neurotypischen Menschen und ich weise sowohl eine Über- als auch eine Untersensibilität in Bezug auf externe Stimuli auf. Sensorische Reize werden bei mir überdurchschnittlich stark (hypersensibel) oder schwach (hyposensibel) wahrgenommen. Laut DMS-5 sind Hypo- und Hypersensibilität mögliche, aber keine notwendigen Symptome von Autismus.[17] Auch bei ADHS kann eine Störung der Sinneswahrnehmung vorliegen.[18] Wie so oft braucht es für konkrete wissenschaftliche Aussagen weitere Forschung zu diesem Thema. Vom Austausch mit anderen neurodivergenten Menschen und meiner Community weiß ich, dass viele Betroffene meine Erfahrungen mit einem gestörten Reizfilter teilen.

Ein Leben mit einer gestörten Sinnesverarbeitung ist hart. Ein Leben mit gestörter Sinnesverarbeitung ohne das *Wissen* um eben jene ist die Hölle. Wie bei fast allen Symptomen und Ausprägungen meiner Neurodivergenz dachte ich auch bei diesem Thema mein Leben lang, ich wäre einfach falsch und verrückt. Kein besonders schönes Gefühl. Doch anders konnte ich es mir einfach nicht erklären, dass ich praktisch bei jeder Aktivität, mit allen Menschen und bei so vielen trivialen Dingen des Lebens ein massives Unwohlsein bis hin zu Ekel, Wut, Fluchtgedanken und unendlicher Müdigkeit verspürte.

---

[17] Schneider (2015).

[18] Vogel (2023), S. 28ff.

Das Problem war und ist dabei weniger meine Empfindlichkeit per se –
denn hätte ich um sie gewusst und wäre sie akzeptiert worden, hätte ich
die Auslöser meiden können. Doch meine Empfindungen waren für mich
nicht einzuordnen und ich machte die Erfahrung, dass andere augen-
scheinlich nicht dieselben Probleme hatten. Mehr noch, mein Umfeld gab
mir das Gefühl, ich würde mich bewusst nicht anpassen und zusammen-
zureißen. Dadurch blieb meine Reizfilterstörung - von der ich damals
noch nicht wusste, dass sie eine war - ein peinliches Geheimnis, das ich
unbedingt verstecken wollte.

Ich befand mich dauerhaft im widersprüchlichen Raum zwischen dem,
was man fühlen durfte und dem, was ich tatsächlich fühlte. Als wäre ich
permanentem Gaslighting ausgesetzt, übernahm ich fremde Sichtweisen,
die ich für korrekt hielt. Es war quälend. Ich verstellte mich lieber, als
zuzugeben, dass ich den Bar-Besuch gerade kein bisschen genoss, weil
der Holzstuhl, die zu offene Räumlichkeit und der Rauchgeruch mich
auslaugten. Ich litt unter den ungläubigen Fragen, wenn ich doch einmal
von den Dingen berichtete, die ich nicht ausstehen konnte. Wer mag denn
bitte keinen Kuchen, keine Hitze, wer hasst Vogelgezwitscher und
draußen sein? Wie kann man bitte Gras verabscheuen, Natur und Seen,
wer trägt denn bei 35 Grad Socken und lange Hosen und genießt den
Sommer nicht? Wie kann man denn die *Sonne* hassen? Ich fühlte mich
dafür ähnlich moralisch schuldig, als würde ich Hunde-Welpen schlagen.

Meine Hypersensibilität äußert sich in der Abneigung gegenüber Torten
und weichem Obst, weil ich ihre Konsistenz ekelhaft finde. Ins
Fitnessstudio kann ich nur mit Active-Noise-Cancelling-Kopfhörern
gehen, weil die Geräusche anderer Menschen mich wahnsinnig machen.
Ich trage seit Jahren keine Unterwäsche mehr, weil sie unerträglich in
meine Haut einschneidet. Meine Wohnung ist akribisch aufgeräumt, weil
ich den visuellen Lärm von Unordnung nicht ertrage. Am liebsten befinde

ich mich in geschlossenen Räumen, weil ich Sonnenstrahlen, Hitze, Holzbänke, Wind, Stimmengewirr, Sonnencreme auf der Haut und Dreck in Sandalen nicht aushalte.

Die Hyposensibilität bringt mich dazu, meinen Fernseher voll aufzudrehen, weil ich sonst „nichts höre", obwohl mein Gehör eigentlich einwandfrei funktioniert. Ich brauche Krankenhausbeleuchtung, um denken und sehen zu können, extrem fest geschnürte Schuhe und Kleidung, die mich eng umschließt. Ich hole heiße Brötchen ohne Handschuhe aus dem Ofen, brauche mein Essen und Kaffee siedend heiß, Cola eiskalt und die maximale Menge an Sprudel im Wasser. Ich würze extrem, kaue drei Kaugummis auf einmal und lasse mich gern von meiner Gewichtsdecke erdrücken.

Ich esse kein Eis am Stiel, weil das Gefühl von Holz am Zahn für mich ähnlich unangenehm ist wie das Geräusch von Fingernägeln auf einer Schultafel. Alle Jacken sind für mich Zwangsjacken und ich trage lieber drei Pullis als einen Mantel. Ich verabscheue Duschen anfangen und aufhören, abwaschen, Fenster putzen, nasse Lappen, feuchte Finger im trockenen Haar und generell die Kombination aus nass und trocken. Beim Gedanken an den schlammigen Grund eines Sees kriege ich das Kotzen, ebenso, wenn ich Wasser aus einer Tasse trinken soll, mich mit dem Handtuch abrubbele, die Oberfläche eines glatten Ledersofas oder Metall-, Plastik- und Holzstühle spüre, sowie rutschende Leggins, Samt und gerippte Kleidung, die meine Haut aufscheuert.

Nicht im Traum wäre ich auf die Idee gekommen, dass solche „Kleinigkeiten" schuld an meinem permanenten Unwohlsein sein könnten. Dass sie ähnliche Gefühle in mir hervorriefen, wie sie neurotypische Menschen vielleicht erleben, wenn ein Krankenwagen mit lauter Sirene viel zu nahe an ihnen vorbeifährt, oder das Gefühl einer Nagelfeile an den Zähnen. Neurotypische Menschen *kennen* die Gefühle, die ich habe, nur werden sie bei ihnen nicht annähernd durch so viele Stimuli, so schnell und so intensiv ausgelöst. Doch durch meine Unkenntnis blieb früher lediglich ein diffuses Gefühl der *Schrecklichkeit* und stumme „Ich-will-hier-weg“-Panik zurück.

Inzwischen finde ich langsam, aber sicher immer mehr Reize heraus, die meine Sinneseindrücke herausfordern. Als hätte ich mir eine Brille aufgesetzt, sehe ich nun die Dinge, die mir das Leben schwer machen, einzeln. Fast täglich kommen neue Erkenntnisse dazu. Das diffuse Konglomerat wird zu vielen hundert Pixeln. Und obwohl das aktuell nicht weniger anstrengend ist, kann ich dadurch meine Situation verändern und verbessern. Statt des diffusen, unwohlen Gefühls, dass ich aus irgend-einem Grund nicht in meinem eigenen Wohnzimmer sitzen möchte, kann ich mich mit einem detektivischen Blick umsehen und alle Störfaktoren ausmachen und entfernen. Meine verzweifelte Kontrolllosigkeit kehrt sich langsam und ich gewinne an Macht im eigenen Leben zurück.

Doch es bleibt eine Herausforderung, für mich, meine Umwelt und meine Liebsten. Schließlich bin ich keine Insel und habe nicht den Wunsch, anderen permanent meine Bedürfnisse und Animositäten aufzudrücken. Ich möchte keine Spielverderberin sein, die nur mitmacht, wenn alles nach ihren Wünschen geht, und bestimmt, wann eine Aktivität zu Ende ist. Es ist ein Balance-Akt. Ich muss aufpassen, meine Bedürfnisse nicht wegzudrücken und nur auf die anderer zu achten, aber auch nicht alles an mich zu reißen und immer nur „Ich bin neurodivergent!“ zu schreien, damit ich meinen Willen bekomme.

Es fällt mir oft schwer, diese „Veränderung“ meiner Person mir und anderen zu erklären. Mit Menschen, die ich bereits seit Jahren kenne, ist das eine riesige Herausforderung und oft mit Scham verbunden. Nicht alle verstehen, dass ich eigentlich schon immer so war und mich bis dato oft verstellt habe. Besonders emphatische Menschen können den Eindruck gewinnen, sie hätten mich jahrelang zu Dingen gezwungen, die schrecklich für mich waren, oder würden mich eigentlich gar nicht kennen. Eine schmerzhafte Erkenntnis, die nicht einmal unbedingt falsch ist, doch natürlich nicht in der Verantwortung anderer liegt.

Wiederholungen, Symmetrien und Routinen

Als ich zwölf Jahre alt war, las ich ein Buch mit dem Titel „Tyrannen im Kopf". Es ging dabei um ein Mädchen, das als Kind eine Zwangsstörung entwickelte und ihren Leidensweg infolgedessen beschrieb. Was sie erzählte, machte mir Angst, denn ich erkannte mich in vielen ihrer Berichte wieder. So spürte sie beispielsweise den übermächtigen Zwang, alles, was mit ihrer einen Körperhälfte passierte, mit der anderen zu wiederholen. Stieß sie sich den rechten Arm, musste sie sich auch den linken stoßen. Lief ihr auf der einen Seite eine Träne das Gesicht herunter, musste auf der anderen Seite ebenfalls eine Träne fließen. Trat sie mit ihrem rechten Fuß auf eine Ritze im Boden, musste der linke Fuß das wiederholen. Ich war lange Zeit überzeugt davon, zwangsgestört zu sein, da ich vieles aus dem Buch nachempfand.

Der Zwang zu dieser Art der körperlichen Spiegelung kann sich bei mir beinahe ins Unermessliche ziehen. Habe ich mein rechtes Auge zusammengekniffen, fühlt sich das linke vernachlässigt und zieht nach, doch dann fühlt sich mein Körper wieder nicht in Balance und ich muss noch einmal das linke und noch einmal das rechte zusammenkneifen. Ich habe eine komplizierte Praktik, nach der ich gesprochene Sätze mental wiederhole und dabei nur die Wörter herausfiltere, die Punkte über den Buchstaben haben: i, ä, ö, ü. Ich reihe sie auf eine bestimmte Art und Weise aneinander, spiegele sie und spreche sie in meinem Kopf nach.

Ich muss beim Gehen in einem bestimmten Rhythmus zwischen die Ritzen im Boden treten, der in meinem Kopf Sinn ergibt, den ich aber nur schwerlich erklären kann. Ich wechsele dabei ab, mit welchem Fuß ich den Rhythmus vorgebe, wechsele den dominanten Fuß mit einer tänzelnden Bewegung und halte mich dabei an eine symmetrische Spiegelung meiner eigenen Bewegung. Ich muss meine mentale Homöostase aufrechterhalten, indem ich meine beiden Körperhälften Bewegungen und Berührungen ausgleichen lasse.

Eine „Symmetrie-Schwäche" nannte mein Ex-Freund dieses Phänomen, als ich ihm mit Mitte zwanzig als allererste Person jemals davon erzählte. Er hätte diese auch, meinte er, ein Freund von ihm ebenso. Ein Moment, der mir einen Wackerstein von der Brust nahm, weil ich das Gefühl hatte, mit dieser Eigenart nicht alleine zu sein. Heute weiß ich, dass ich nicht zwangsgestört bin, denn diese Symptome sind eher meinem Autismus' zuzuordnen und verursachen mir keinen Leidensdruck.

Ich imitiere Geräusche von Elektronik-Geräten und wiederhole in meinem Kopf Gesprochenes von Menschen, Serien, Filmen, Büchern und Videos auf Social Media immer und immer wieder, gleich einem Ohrwurm von Phrasen und Wörtern. Das nennt sich Echolalie und ist ein häufiges Symptom bei Autist:innen, das sich auf unterschiedliche Art und Weise äußern kann, laut oder im Kopf.[19]

Ich habe Regeln, wie ich bestimmte Handgriffe ausführen muss, mit welcher Intensität und Fläche meines Körpers ich Dinge berühre und wo im Raum sich Gegenstände befinden müssen. Ich arrangiere den Badevorleger parallel zu den Fliesen und werde unruhig bei „falscher" Ausbreitung meiner Utensilien wie zum Beispiel Büromaterialien. Ich

---

[19] Price (2022), S. 26f.

kann mich nicht erinnern, wann ich diese Regeln und Praktiken alle erfunden habe. Nach meinem Dafürhalten waren sie einfach irgendwann da, sind aber ebenso wenig aus meinem Leben entfernbar wie Traubensaft aus einem weißen Veloursteppich.

Wenn ich meine eigenen Regeln breche, fühle ich mich körperlich und geistig unwohl, selbst wenn sie für mein Leben eigentlich überhaupt keinen Unterschied machen. So halte ich es zum Beispiel nicht aus, mich zu duschen, ohne mir jeden Tag meine Beine zu rasieren, ich muss mein Bett immer auf exakt dieselbe Art und Weise machen, inklusive des akribischen Herausziehens von Knitterfalten. Technische Geräte müssen immer an exakt demselben Platz stehen, den ich ihnen irgendwann nach sorgfältiger Abwägung zugewiesen habe. Es gibt eine feste Struktur, wie ich meine Einträge im E-Kalender manage und wie ich den Teller beim Essen meines Haferbreis mit einem Teelöffel perfekt sauber kratze.

Lügen, Theaterstücke und Fragen

Ich nehme Menschen stets beim Wort. Das bedeutet nicht, dass ich keine Ironie und Übertreibungen verstehe oder Sprichwörter buchstäblich interpretiere. Ich erkenne es jedoch selten, wenn Menschen lügen oder Ausreden benutzen. Dass man nicht exakt das ausdrücken will, was man sagt, liegt außerhalb meiner Vorstellungskraft und es verwirrt mich, wenn Leute in meiner Umgebung einfach reden, ohne Informationen transportieren zu wollen.

Verspricht mir eine Person, mich später anzurufen, dann glaube ich ihr das nicht nur, sondern bin maximal enttäuscht und traurig, wenn sie sich nicht daranhält. Für mich sind jegliche Aussagen von Menschen gleich einem Versprechen, und wenn diese gebrochen werden, bin ich verwirrt und zornig. Ich habe Schwierigkeiten damit, die Intentionen von

Menschen zu begreifen, wenn sie konträr zu dem sind, was sie direkt sagen und bin davon überzeugt, die Meinung einer Person zu einem Thema zu kennen, weil sie vor Jahren eine Aussage tätigte und nie offiziell revidierte.

Ich hasse es, in der Öffentlichkeit wahrgenommen zu werden, weil ich dabei immer den Erwartungsdruck fremder Menschen spüre. Ich mag es nicht, Fremde zu grüßen und eine mir unklare soziale Rolle zu erfüllen, ein Schauspiel aufzuführen und die Regeln mitzuspielen, die mich oftmals anwidern. In vielen Situationen habe ich das Gefühl, dass ich mir ein Theaterstück ansehe, das ich mal verstehe und mal nicht, von dem ich aber kein Teil bin oder sein möchte. Alle sagen ihren Text auf und erwarten, dass ich ebenfalls meinen Text kenne. Aber selbst, wenn ich ihn weiß, weigere ich mich häufig, ihn zu sprechen.

Um zwischen den Zeilen lesen, muss ich erst einmal wissen, dass es ein „Dazwischen" gibt. Es ist für mich nicht natürlich, sondern mit Anstrengung verbunden. Schon als Kind fand ich wenig schlimmer als Aussagen, bei denen ich einfach keine Ahnung hatte, warum jemand sie gesagt hatte oder was sie mir vermitteln sollten. Es kam mir vor, als würde ich auf meine Fragen nie direkte Antworten bekommen und stattdessen durch einen Sumpf aus Floskeln, hohlen Phrasen, vagen Vermutungen, Bauchgefühlen und allgemeinen Überzeugungen waten und nach Fakten fischen müssen.

Ich verstand nicht, dass mein Gegenüber oft selbst keine Ahnung hatte und das nicht zugeben wollte oder hoffte, dass ich einfach meine Klappe halten und weggehen würde. Schon als Kind stellte ich pausenlos Fragen. Ich stellte Fragen, weil ich alles verstehen wollte, weil ich alle Details brauchte und mir das Leben erschloss, indem ich so viele Wissenslücken fühlte, wie es nur ging. Ich stellte Fragen, weil ich das Gefühl hatte, dass um mich herum dauernd Dinge passierten, die ich nicht verstand, weil man mir oft nur Informationsbrocken hinwarf. Abläufe wurden nur halb erklärt, ich musste mir Zusammenhänge selbst erschließen und raten, immer auf die Gefahr hin, etwas falsch zu machen und andere vor den Kopf zu stoßen. Ich hätte gerne ein Handbuch für das Leben gehabt, klare Anleitungen, wie ich mich in welchen Situationen zu verhalten habe, was angemessen war, was Menschen mit ihren Aussagen meinten und wie ich übertragene Aufgaben am besten und effizientesten erledigen konnte.

Ich stellte fest, dass Menschen oft verwirrt von meinen Fragen waren. Häufig bekam ich das Feedback, ich würde Personen ein Loch in den Bauch fragen, oder sie fühlten sich wie im „Verhör". Dabei ist es ein riesiges Zeichen meiner Sympathie und meines Interesses, wenn ich viel über eine Person wissen möchte.

Als Kind fragte ich meine Schwester oft, warum sich Figuren in Filmen und Serien auf eine bestimmte Art und Weise verhielten und was ihre Aussagen bedeuteten. Ihre Antworten nahm ich dann als Fakt hin, gleich der Lösung einer mathematischen Formel, und nicht als das, was sie tatsächlich waren: *ihre* persönliche Interpretation.

Ich selbst tue mich schwer mit der Interpretation von Filmen, Büchern und Geschichten, wenn ich bestimmte Muster noch nicht kenne oder gelernt habe. Ich lese Geschichten so, wie sie sind, und nicht zwischen den Zeilen. Die wahre Bedeutung von Geschichten und Musik-Lyrics sind für mich oft hinter sieben Siegeln verborgen, weil ich weder die Fähigkeit noch die Nerven dafür habe, zu überlegen, was eine Person *eigentlich* sagen möchte. Was verborgen in Phrasen, Analogien und kryptischen Sätzen liegt. Unzuverlässige Erzählperspektiven, Symbolik und unklare Verhaltensweisen verwirren mich.

Ich diskutiere oft minutenlang mit meinem Partner über Dinge, die er von sich gab, um mir einen Reim daraus zu machen, während er mir versucht klarzumachen, dass er in Wahrheit *gar nichts* sagen wollte. „Das habe ich so dahingesagt", erklärt er mir dann und ich bekomme Schnappatmung vor Wut, weil ich nicht verstehe, wie man etwas sagen kann, ohne etwas sagen zu wollen. Fühle mich veräppelt, belogen, als hätte man mir meine Zeit gestohlen. Mich um meine Energie gebracht, die ich darauf verwendet habe, mit zusammengezogenen Augenbrauen das Enigma einer semantischen Schimäre zu entschlüsseln. Es ist anstrengend.

Ein Grund, warum ich nicht gern handele, flirte oder zu Vorstellungsgesprächen gehe, ist die schlichte Tatsache, dass ich mich weigere, ein Gespräch zu führen, bei dem es einzig und allein um den *Vibe* geht. Wörter nur als Füllmaterial für Emotionen zu nutzen, fühlt sich für mich falsch und ekelhaft an. Wenn ich etwas sage, dann möchte ich damit Informationen transportieren. Ich möchte ehrlich darauf antworten, wenn jemand mich fragt, wie es mir geht und wiederum niemandem fragen, wenn mich die Antwort nicht interessiert.

Aus diesem Grund liebe ich die analytische Philosophie. Dort wird im besten Fall kein Wort getätigt, das nicht notwendig ist. Je einfacher und klarer ein Sachverhalt erklärt werden kann, desto besser. So verstand ich im Philosophie-Studium zum ersten Mal, warum soziale Kommunikation sich für mich oft falsch und sperrig anfühlte – dass Menschen pausenlos um Inhalte herumschleichen, beschönigen, Aussagen aufweichen und so ausdrücken wollen, dass sie sanft und gemäßigt klingen. Wohingegen ich klare Aussagen, radikal-logische Ansichten und exakte Informationen bevorzuge.

Und das meine ich nicht auf eine roboterhafte, unemotionale oder gar gemeine Art und Weise. Ehrlichkeit bedeutet für mich nicht, ungefragt jedem an den Kopf zu knallen, was ich wirklich von ihm halte. Es bedeutet auch nicht, dass Emotionen und Empfindungen in meiner Kommunikation keine Rolle spielen. Aber Fakten und Logik sind nicht das Gegenteil von Emotionen, auch wenn einige Menschen es immer wieder so darstellen. Emotionen sollen und müssen Teil von Konversationen sein, doch sie können genauso rational und strukturiert eingebettet und erläutert werden wie Fakten und natürliche Tatsachen. Was ich mir wünsche, ist eine Gesprächsführung, bei der sich der Informationsaustausch an die Regeln der Logik hält und eine Relevanz in dem Sinne aufweist, als dass die Beteiligten auch tatsächlich ein Interesse an dieser kommunikativen Transaktion haben. Wahrscheinlich ist das auch mein Problem bei politischer Kommunikation, sei es bei Social Media, in medialen Diskussionsrunden oder von politischen Vertreter- :innen selbst. Weil dort nämlich oft genau diese Stringenz und Logik fehlt und es vor allem darum geht, die eigenen zehn Minuten Redebeitrag zu füllen.

Für mich ist jede Form der Unterhaltung, bei der ich kein ehrliches Interesse an der anderen Person habe, Small Talk. Wenn ich nicht authentisch über mein Leben, meine Interessen, Überzeugungen und Wünsche sprechen kann oder im Gegenzug über das meiner Gesprächs- partner:in, hat die Unterhaltung für mich keinen Wert. Sie bereitet mir Schmerzen, weil ich nicht nur die gesamte Zeit panisch auf der Suche nach neuen Fragen bin, die ich stellen könnte, sondern auch keinerlei Interesse an den Antworten habe. Small Talk ist für mich Zeitver- schwendung und Scharade.

Ich verabscheue Lügen. Sowohl von anderen als auch von mir selbst. Ich greife darauf nur im Notfall zurück. Mein Anliegen ist es, Umstände stets so präzise und wahrheitsgetreu auszudrücken, wie es mir möglich ist. Ich spüre ein körperliches Unwohlsein, wenn ich nicht die Wahrheit sage, mir wird kochend heiß und ich werde rot. Nicht nur habe ich panische Angst, bei meiner Lüge erwischt und bestraft zu werden. Es bereitet mir auch mentale Schmerzen, wenn ich Aussagen tätige, die nicht der Realität entsprechen. Als würde ich eine zu kleine Jacke tragen oder ein Hämmern in meinen Ohren spüren. Ich übertreibe auch mal, nutze viel Ironie und drücke Dinge blumig aus. Aber ich sage nicht A, wenn ich B meine.

Ich schummele nicht bei meinem Lebenslauf, lüge nicht in Bewerbungsgesprächen und schmücke mich nicht mit Erfolgen, die ich nicht vorzuweisen habe. Ich tue mich sogar schwer damit, zu erzählen, dass ich schon mal ein Buch geschrieben habe, denn tatsächlich habe ich dort ja „nur" von mir geschriebene Texte gesammelt, editiert und veröffentlicht. Was für andere Haarspalterei ist, ist für mich der Wunsch, so präzise wie möglich zu kommunizieren.

Entspann dich doch mal

Viele Jahre legte meine Therapeutin mir das Thema Achtsamkeit ans Herz. Sie wusste um meine emotionale Instabilität, Gedankenraserei und die Schwierigkeit, mich zu fokussieren. Wir machten Entspannungsübungen und sie gab mir Arbeitsblätter mit. Ich sollte üben, mehr im Augenblick zu sein. Im Hier und Jetzt zu bleiben und nicht mit den Gedanken im Übermorgen. Ich solle Situationen und mich nicht ständig (negativ) bewerten.

Ich versuchte es. Mit reiner Willenskraft wollte ich meinen Verstand dazu zwingen, abzuschalten. Einen Fuß vor den nächsten zu setzen. Jetzt gehe ich zur Tür. Jetzt drücke ich die Klinke herunter. Ich meditierte. Ich versuchte, Nickerchen zu machen. Ich bemühte mich, Dinge langsam und bewusst zu erledigen. Es war keine Entspannung, es war eine Qual. Nicht nur scheiterte ich jedes einzelne Mal grandios. Noch dazu fühlte es sich an, als würde ich mit einem Rennwagen durch eine Spielstraße schleichen. Ich war frustriert.

Mit mir und Achtsamkeit ist es so: Ich liebe die Vorstellung davon. Aber etwa so, wie ich die Vorstellung davon liebe, 1,70 groß zu sein. Es würde mir sicher gut stehen, ist aber eine physische Unmöglichkeit mit meinen tatsächlichen 1,55. Es mag andere Menschen geben, denen Achtsamkeit gelingt und hilft. Aber ich kann meinen Verstand nicht dazu bringen, abzuschalten. Ich kann mich nicht einfach *entspannen*. Selbst, wenn ich es einmal schaffen würde, zu meditieren, und es mir helfen würde, wäre mir das am nächsten Tag wieder entfallen. Denn ich vergesse auch, was mir hilft und guttut. Und wenn ich mir in meinen Kalender schreibe, dass ich auf keinen Fall vergessen darf zu meditieren, dann wird das Ganze zu einer *Aufgabe*. Und damit so attraktiv wie Fußnägel.

Es gibt kaum etwas, das mich so sehr unter Druck setzt wie forcierte Entspannung. Ich finde Yoga schrecklich und autogenes Training verursacht mir Gehirnjucken. Je ruhiger mein Körper ist, desto aktiver sind meine Gedanken. Sie sind überall, nur nicht in diesem Moment. Ich kann sie nicht zähmen. Auch wenn ich ihnen sage, dass sie ruhig sein und aufhören sollen, mich mit Fantasien abzulenken oder vernichtenden Worten zu quälen: Sie hören mir nicht zu.

Meine Realität sieht eher so aus: Während einer schweren Kniebeuge schreibe ich einen neuen Text. Unter der Dusche manövriere ich mich innerhalb von zwei Minuten von „Das Wasser ist zu heiß" zu „Wieso bin ich eigentlich so eine Verliererin?". Beim Lesen denke ich darüber nach, was ich nachher zu Mittag esse und verpasse dabei den Inhalt ganzer Absätze. Ich scrolle durch Instagram, während ich telefoniere, führe imaginäre Gespräche mit meiner Nachbarin, die bestimmt wütend auf mich ist, weil ich mein Paket noch nicht abgeholt habe. Mein Gehirn rennt vom Aufwachen bis zum Einschlafen einen Marathon.

Meine Gedanken rauben mir nicht nur den letzten Nerv, sondern auch die Fähigkeit, mental anwesend zu sein. Assoziative Gedankenströme, Zweifel, Urteile, Ängste, schön und hässlich ausgemalte Szenarien, imaginäre Interviews, Fantasien, Selbstvorwürfe und Katastrophen rasen innerhalb kürzester Zeit durch meinen Kopf und sind dabei so unaufhaltsam wie eine Lawine.

Für mich gibt es nur eine Möglichkeit der gedanklichen Ruhe: Ich muss meinen Verstand ablenken. Ihn fast gewaltvoll so sehr zudröhnen, dass er gar keine Möglichkeit mehr hat, zu fliehen. Podcasts zu jeder Tageszeit und bei jeder Beschäftigung. Ein Hörbuch zum Einschlafen. Der zweite Bildschirm. YouTube-Videos beim Essen, Putzen und Wäsche waschen. Lauter Techno beim Schreiben und Reels bei der Buchhaltung. Rumlaufen beim Telefonieren.
Wenn ich meinen Verstand nicht an die Leine nehme, büxt er aus. Er ist wie ich. Egal, wie vorsichtig er zunächst durch das Geäst tippelt und versucht, sich keinen Splitter einzutreten. Wie langsam und strukturiert er anfängt und plant, diesmal einen *ganz* anderen Weg zu gehen als sonst. Ab einem bestimmten Punkt wird er anfangen zu rasen, nicht mehr nach links und rechts sehen und dabei schlussendlich in einem tiefen Morast landen, in dem er langsam aber sicher versinkt, ohne dass ich etwas daran ändern kann.

Vergesslichkeit

Vergesslichkeit ist eins der klassischen Symptome bei Menschen mit ADHS. Fast alle Betroffenen haben damit zu kämpfen, insbesondere mit dem Kurzzeitgedächtnis. Mir wurde vor einer Minute gesagt, dass ich doch die Tür hinter mir schließen soll? Sobald der nächste Gedanke kommt, ist die Bitte aus meinem Kopf herausgefallen. Diese Art der Vergesslichkeit habe ich lange Zeit als eine meiner peinlichsten Schwächen und Zeichen meiner „Dummheit" gewertet. Sie führte zu häufigen Nachfragen meinerseits, viel Wut über die Nichterledigung bestimmter Aufgaben sowie einem allgemeinen Gefühl, dass ich mich nicht auf mich selbst verlassen konnte.

Und doch neige ich dazu, mich oft detailreich an Geschichten zu erinnern, die manchmal Jahrzehnte zurückliegen. Meine Freundin Tanja[20] und ich scherzen oft darüber, dass ich ihre Party-Abenteuer von früher besser im Gedächtnis habe als sie selbst – obwohl sie mir von diesen nur erzählt hat. Ich weiß selbst Kleinigkeiten aus meiner Kindheit und Grundschulzeit und erinnere mich an absurde Details aus Büchern und Filmen wie keine andere Person, die ich kenne. Ich erkläre mir das so, dass ich gar nicht so viele Dinge vergesse, sondern schlichtweg nichts behalten kann, was mich nicht interessiert oder emotional berührt. Beispielsweise habe ich den gesamten Inhalt meiner Lieblingsbuchreihe inklusive ganzer Dialoge, minutiöse Details und spezielle Formulierungen im Kopf - weil ich die Bücher abgöttisch geliebt habe, weil ich beim Lesen mit meiner gesamten Aufmerksamkeit dabei war und jedes Wort verschlungen habe.

Ich vergesse nicht unbedingt, sondern speichere einfach nichts ab, wenn ich nicht *da* bin. Wenn ich mit den Gedanken abdrifte oder einen Literatur-Klassiker „lese", der mich so langweilt, dass sich in Wahrheit nur meine Augen über die Seiten bewegen. Oder wenn mir jemand etwas erzählt und ich später nichts mehr davon weiß. Und während wohl jeder Mensch es kennt, mit besonders vielen Emotionen sehr starke Erinnerungen zu verknüpfen und eher aufzupassen, wenn es spannend ist,

---

[20] Name von der Autorin geändert.

habe ich einfach keine *Kontrolle* darüber, was ich spannend finde, wann ich aufpasse und was ich dann wiederum bei mir abspeichere.

Motorik

Ungeschicklichkeit ist ebenfalls ein Symptom, das bei fast allen Betroffenen von ADHS und Autismus üblich ist. Doch auch hier habe ich die Vermutung, dass ich in Wahrheit eigentlich *nicht* ungeschickt bin. Meine vielen (Beinahe-)Unfälle, blaue Flecken, Stürze, angestoßene Ellenbogen und Knie an Türen, an der Klinke hängengebliebene BH-Träger und Kleckereien lassen zunächst anderes vermuten. Ich kenne keine andere Person, die so viel fällt und stolpert wie ich, die so oft im Alltag laut aufschreit und vor Schmerzen durch die Wohnung humpelt.

Ich lasse mir Hanteln auf den Fuß fallen, knalle mit dem Kopf gegen den Tisch, ballere meine Hand gegen den Türrahmen und habe Missgeschicke, bei denen ich mich am Ende frage, wie ich überhaupt jemals in diese absurde Position kommen konnte. Mal falle ich wie eine Artistin durch die Luft oder ich bin der Meinung, ich müsse mich auf einen rollenden Stuhl stellen, um auf dem Schrank zu saugen. Einmal habe ich tatsächlich mit einem Messer im Toaster herumgestochert, bis die Federmechanik die Messerspitze mit voller Wucht in meine Braue rammte. Eine blutige Angelegenheit, bei der ich fast mein Auge verloren hätte.

Ich habe bisher in diesen Situationen ein Schweineglück gehabt. Ich weiß das und habe doch das Gefühl, dass ich selten daraus lerne. Der Grund dafür ist meiner Meinung nach jedoch nicht Ungeschicklichkeit im Sinne davon, dass ich meine Gliedmaßen nicht unter Kontrolle hätte, sondern eine Kombination meines Wischiwaschi-Blicks – als würde ich Dinge nur schnell und hektisch betrachten, sodass sie beinahe verschwommen wirken – gemischt mit einer gehörigen Portion Ungeduld. Alles muss schnell erledigt werden, jeder zusätzliche Handgriff nervt mich oder könnte der Grund sein, warum ich eine Sache gänzlich bleiben lasse. 90 Prozent der Zeit denke ich, dass das schon irgendwie so passen wird. Lieber schnell erledigt als zwei Sekunden verschwendet, predigt mein Gehirn regelmäßig. Denn ich strebe stets danach, so viel Energie und Zeit zu sparen wie möglich. Dass ich mit meinen Missgeschicken länger brauche oder einen Unfall riskiere, verstehe ich in diesem Augenblick nicht. Ich zwinkere mir selbst einfach verschwörerisch zu, sage mir: „Scheiß drauf" und mache einfach mal.

Und dann ist da noch meine Neigung, abzudriften. Ich renne nicht gegen Türrahmen, weil ich meinen Ellenbogen nicht kontrollieren kann, sondern weil ich in Gedanken bereits mein Abendessen vorbereite, meinen Trainingsplan für morgen durchgehe und über einen Schulausflug in der vierten Klasse nachgrübele. Und während sich mein Körper im Autopilot durchs Leben bewegt, ist mein Geist in höheren Sphären unterwegs. Bis ich dann den Regenschirm in meiner Hand einfach fallenlasse, mein Wasserglas vom Tisch fege oder mit dem kleinen Zeh gegen mein Bett stoße. Ich bin wie *Mulans* Großmutter, die mit geschlossenen Augen über die viel befahrene Straße geht, während um sie herum eine Massenkarambolage stattfindet.

Ich trage Scheuklappen, fokussiere nicht und kriege oft nicht mit, was um mich herum passiert. Ich schaue Menschen nicht ins Gesicht, nehme oft nicht einmal wahr, wo ich mich befinde, habe keinen Orientierungssinn, weiß nicht, wo oben und unten ist. Ich verwechsele rechts und links, habe kein Gefühl für Zeit und Raum und wabere oft völlig orientierungslos von A nach B.

Auf der anderen Seite habe ich eine große Geschicklichkeit in meinem Kraft-Training. Ich absolviere dort regelmäßig präzise, komplexe Übungen, bei denen es auf kleinste Details ankommt. Ich habe ein sehr gutes Körpergefühl, sobald ich tatsächlich mental anwesend bin. Weiterhin male und schreibe ich leidenschaftlich gern ordentlich und mit Liebe zum Detail. Dabei bevorzuge ich akribisch genaue Bilder aus Bleistiftmalerei, die ich eins zu eins abmalen kann. Diese Fähigkeiten bestätigen mich darin, dass es eher meine Ungeduld, Impulsivität und Träumerei ist, die mich ungeschickt *wirken* lässt.

Ungeduld und Impulsivität

Mein Nasenpiercing war eine extrem spontane Entscheidung: Zwischen dem allerersten Gedanken an ein Piercing und dem Googeln nach der nächstbesten Adresse vergingen etwa zwei Minuten. Eine Stunde später marschierte ich in den Laden, bekam einen Termin und ließ mir am nächsten Tag ein drittes Loch in meine Nase stechen. Damals wusste ich noch nicht, dass diese Art der Spontaneität für Menschen mit ADHS ziemlich typisch ist. Ich wäge meine Entscheidungen selten ab. Ich kalkuliere nicht. Ich entscheide mich nicht für Dinge, die sinnvoll sind, sondern zeige mit dem Finger auf etwas, das mir attraktiv oder besonders einfach erscheint und sage: Das da!

Stehe ich vor einer Entscheidung, denke ich darüber nicht aktiv nach, sondern warte darauf, dass die Ampel in meinem Kopf entweder Rot oder Grün anzeigt. Sobald ich das „Go" habe, gibt es kein Halten mehr. Ich kann und möchte nicht auf Dinge warten. Neue Pläne müssen sofort und kompromisslos umgesetzt werden und jede Sekunde bis dahin fühlt sich an, als würde mir der Nektar des Lebens vorenthalten werden. Mein Zeitgefühl ist das einer Fünfjährigen. Wenn es nicht jetzt passiert, passiert es nie. Zwei Tage Warten fühlt sich an wie zwei Jahre. Je näher Ereignisse rücken, auf die ich mich freue, desto mehr bin ich davon überzeugt, dass sie nie eintreten werden.

In der Serie *The Rings of Power* gibt es eine Szene, in der Zwergen-Prinz Durin seinem Elben-Freund Elrond erklärt, wie unterschiedlich beide Zeit wahrnähmen. Während für den unsterblichen Elrond zwanzig Jahre wie ein Wimpernschlag erschienen, hätte Durin in dieser Spanne *ein ganzes Leben gelebt*. Ich bin Durin. Muss ich auf eine andere Person warten – auf ihr Feedback, eine Mail oder Nachricht – will ich nach fünf Minuten genau das schreien: Dass für sie vielleicht nur kurze Zeit vergangen sei – für mich aber ein ganzes Leben!

Ich möchte Dinge jetzt und ich möchte sie schnell. Zack, zack, Püppi, nicht trödeln. Ich kann nicht drauf warten, bis jemand ausgeredet hat. Stattdessen unterbreche ich, beende Sätze und schleudere meine Vermutungen in den Raum. Ich habe es aus Prinzip eilig. Überhole aggressiv jeden, der vor mir dahin schleicht, nehme zwei Stufen auf einmal und bleibe zornig im Türrahmen hängen, weil ich keine Geduld habe, die Tür komplett zu öffnen. Ich würde lieber vier Stationen zu Fuß gehen als auf einen Bus zu warten. Ich schneide mir selbst die Haare, weil ich es nicht aushalte, einen Termin zu vereinbaren. Wenn ich um neun Uhr abends einen Bob haben will, dann muss ich eben selbst ran. Ich verrücke nachts Möbel und miste die Hälfte meiner Besitztümer aus, weil ich sie von jetzt auf gleich abgrundtief verabscheue.

Über Wut und Verzweiflung

Je älter ich wurde, desto ausgeprägter wurde eine Eigenschaft, die mein Leben und das der Personen in meinem Umfeld oft zur Hölle machte: Wut. Aus meiner Perspektive war ich einen Großteil meines jungen Lebens wütend. Ich erinnere mich an rasende Eifersucht, die ich gegenüber meinen Freundinnen empfand und stritt mich beinahe jeden Tag mit den anderen Kindern meiner Klasse. Ich schrie und tobte und verlor den Blick für jede Angemessenheit. Wenn ich mich verletzt und ungerecht behandelt fühlte, wurde ich von einem Dämon besessen, der mich schreckliche Dinge schreien ließ. Ich hatte oft das Gefühl, an meiner eigenen Wut zu ersticken, und vor lauter Verzweiflung schrie ich meine Familie an, warf in meinem Zimmer mit Gegenständen und verstauchte mir dabei den Finger. Ich beleidigte andere, wurde zynisch und bestrafte meine Freundinnen oder Familienmitglieder mit eisigem Schweigen. Nachtragend zu sein war für mich gefühlt eines der wenigen Machtmittel, das ich überhaupt besaß.

Ich war wütend, weil ich nicht duschen wollte, weil ich nicht rausgehen wollte, weil ich in Ruhe gelassen werden wollte. Ich war wütend im Urlaub, auf Ausflügen, in der Schule, auf fremde Eltern, Autoritäten jeder Art und auf jede Person, die mich nicht ernst nahm, belog oder ungerecht behandelte. Aus meiner Perspektive war das ein Großteil der Menschheit, insbesondere die Erwachsenen in meinem Leben. Ich empfand unendliche Wut auf meine Vorgesetzten, meine grässlichen Jobs und die schlechte Behandlung, die mir dort zuteilwurde. Ich war wütend auf meine Familie und meine Partner.

Wenn etwas nicht nach Plan lief oder jemand sich nicht an Absprachen hielt, rastete ich aus. Ich ignorierte eine gute Freundin sieben Tage lang, weil sie eine Verabredung mit mir vergessen hatte. Einmal freute ich mich einen ganzen Schultag darauf, dass ich das Wohnzimmer stundenlang für mich haben würde, weil ich wusste, dass meine Mutter und Schwester erst spät nach Hause kommen würden. Ich schmiedete Pläne, was ich alles alleine im Fernsehen schauen und wie ich dabei in Seelenruhe meine Fingernägel lackieren würde. Als meine Schwester überraschenderweise doch früher nach Hause kam, bekam ich einen Tobsuchtsanfall, beschimpfte sie aufs Heftigste und flüchtete mich, vor Wut und Enttäuschung heulend, in mein Zimmer.Mich packte die Wut wegen kleinen und großen Dingen und allem Dazwischen. Ich hatte permanent das Gefühl, dass mir Dinge auferlegt oder vorenthalten wurden, und wusste anhand dieser Ungerechtigkeit nicht, wohin mit mir.

Ich war wütend, weil ich in einer Welt lebte, von der ich mich pausenlos gekränkt und missverstanden fühlte. Wut war außerdem lange Zeit die einzige Emotion, die ich mir zugestand. Trauer, Enttäuschung, Einsamkeit und Überforderung konnte ich nicht artikulieren und hatte zudem oft die Erfahrung gemacht, nicht ernst genommen zu werden. Angriffe schienen mir das einzige emotionale Ventil, das mich nicht verletzlich machte. Dass ich nicht einfach ehrlich sagen konnte, dass mich ein Mensch oder eine Situation wahnsinnig traurig machte, lag vor allem an dem Feedback, das ich darauf lange bekommen hatte.

Dass meine Emotionen fehl am Platz, übertrieben, peinlich und *nicht normal* waren. Angefangen von Erzieher:innen und Lehrkräften, die mich zurechtwiesen, dass mein Unmut über Situationen nicht angebracht sei – „Du hast auch immer was zu meckern" – hin zu Erwiderungen wie „Sei nicht so empfindlich", „Das darfst du nicht persönlich nehmen" oder aber „Also, *ich* finde das nicht schlimm". War ich offen wütend, wurde ich auf mein Zimmer geschickt, um mich „abzureagieren". Meine Emotionen wurden mir oft abgesprochen. Als Kind der 90er-Jahre wuchs ich in einer Zeit auf, in der es keine Bedürfnisorientierung gab und die Gefühle von Kindern nicht liebevoll begleitet wurden. Man schaute anders auf Kinder und Erziehung als heute und als dauerzornige Autistin mit ADHS hatte ich es in dieser Zeit doppelt so schwer.

Meine Überzeugung, dass ich mich pausenlos nach anderen richten musste, meine eigenen Bedürfnisse unterdrücken und mein Unwohlsein nicht zeigen durfte, führten dazu, dass ich irgendwann überkochte. Anstatt meine Emotionen und Wünsche direkt zu kommunizieren und meine Handlungsmacht zu nutzen, platzte es aus mir heraus. Ich gab allen anderen die Schuld an meinem Unglück, meiner Passivität und meiner (vermeintlichen) Unterdrückung. Ich kannte nur die Extreme, dass ich mir entweder gar nichts anmerken ließ oder im kompletten Zerstörungsmodus war.

Die Gesellschaft reguliert und bestraft Wut von Mädchen und Frauen hart. Wir werden nicht ernst genommen, als hysterisch und irrational bezeichnet. Wütende Frauen gelten als unattraktiv und schwierig – sowohl gesellschaftlich als auch privat. Im Gegensatz zu Männern sind wütende Frauen nicht leidenschaftlich, sondern anstrengend. Meine Wut machte anderen Angst. Aber auch mit mir machte sie etwas. Ich fühlte mich schäbig, gemein und wie ein schrecklicher Mensch, eine schlechte Freundin, eine schlechte Frau. In Beziehungen wurde meine Wut oft relativiert und ignoriert und ich sah häufig keinen Sinn darin, sie überhaupt zu zeigen.

Ich bekam als Reaktion nämlich in den seltensten Fällen das, was ich mir eigentlich wünschte: eine Entschuldigung, Wärme und Liebe. Ich wollte niemanden damit belästigen und verschrecken, wollte keinen Liebesentzug fürchten und nicht ausgelacht werden. Ich schluckte sie hinunter, lebte sie alleine aus und ließ mich von ihr zerfressen und vergiften. Lebte im Stillen mein persönliches Inferno aus, damit niemand unter meinen Emotionen litt. Ich versteckte sie hinter Stille, Passiv-Aggressivität oder beißendem Zynismus.

Noch heute ist die Emotion Wut für mich schwer zu händeln und mit viel Scham verbunden. Weil ich dazu sozialisiert wurde, Wut nicht offen zu zeigen, staut sie sich oft so lange auf, bis sie aus mir herausplatzt. Dann schreie ich wie am Spieß, demoliere meine eigene Küche und werfe mit Gegenständen, weine vor Verzweiflung und schleudere Beleidigungen um mich. Ich bin wie ein Monster, das so lange tob und zerstört, bis jede Energie aufgebraucht ist und am Ende nur ein leeres und verzweifeltes Häufchen Elend übrig bleibt.

Meine Bedürfnisse wurden moralisiert

Vor einigen Jahren sagte ich noch scherzhaft, als Jugendliche sei mein primäres Charakteristikum schlechte Laune gewesen. Doch schlechte Laune ist kein Selbstzweck. Ich genoss es nicht, unentwegt traurig, wütend und eingeschnappt zu sein. Ich selbst litt wie ein Hund und zusätzlich war mir klar, welch negativen Eindruck ich damit auf andere machte. Ich war bekannt dafür, launenhaft zu sein. Eine Meckertante. Eine Nörgelliese. Die mit dem „bösen" Blick. Die, der man nichts recht machen konnte. Immer wieder wurde mir zu verstehen gegeben, dass ich ein ewig unzufriedener Mensch war. Doch stimmte das tatsächlich?

So lange ich mich erinnern kann, wurden meine Bedürfnisse und Abneigungen stets kritisiert und moralisiert. Vorlieben, die neutral und unschädlich waren, wurden als schlecht oder ungesund bewertet, weil sie davon abwichen, was andere als angemessen und schön empfanden. Mein individueller Geschmack wurde mit einem Wert aufgeladen, den ich bis heute als unfair und unangemessen empfinde.

Mir wurde gesagt, es sei nicht *normal,* nicht gern nach draußen zu gehen und in den Sommerferien den gesamten Tag im Zimmer zu sitzen, zu lesen und zum hundertsten Mal Grey's Anatomy zu schauen. Ich bekam Ärger, wenn ich mich bei Ausflügen, Sightseeing, auf Exkursionen und Klassenfahrten, im Museum, beim Besuch von Bekannten, beim Inlineskaten und im Urlaub nicht amüsierte, sondern mich beschwerte, dass ich nach Hause wollte. Immer wieder wurde mir vorgeworfen, ich sei unfreundlich und würde schlechte Laune verbreiten. Ich sei nie zufriedenzustellen, undankbar und hätte immer was zu meckern. Ich wurde eine „Oma" genannt, die keinen Spaß haben *wollte*.

Ich litt sehr unter diesen Vorwürfen und fühlte mich fehlerhaft und versaut. Während ich nicht verstand, warum ich offenbar nicht in der Lage war, „schöne" Dinge zu genießen und mich immer unwohl fühlte, verinnerlichte ich vor allem eins: Dass es falsch war, Menschen mit meinen schlechten Gefühlen zu belästigen und herunterzuziehen. Doch ich kam nicht auf die Idee, dass meine Empfindungen legitim sein könnten. War ich wirklich nicht zufriedenzustellen – oder versuchte es einfach niemand?

Es war, als würde man mir Lakritze zu Essen anbieten, und wenn ich sagte, dass mir davon schlecht würde, gab es kein anderes Essen zur Auswahl, sondern nur Missbilligung über meine Abneigung. Und da niemand mir vermittelte, dass es völlig in Ordnung ist, Schokolade zu bevorzugen, begann ich, Lakritze zu essen und so zu tun, als würde mir davon nicht schlecht werden. Ich begann zu maskieren und priorisierte in sozialen Situationen häufig die Bedürfnisse anderer oder die, die mir als sozial angemessen erschienen.

Mein vorauseilender Gehorsam wurde zum Automatismus, sodass ich manchmal nicht auf die individuelle Person achtete, mit der ich unterwegs war, sondern mich an einem Schema orientierte, das ich für „normal" hielt. Ich wollte den Eindruck vermitteln, entspannt und locker zu sein und niemandem mit meinen Spleens auf die Nerven gehen. Zudem hatte ich keine Ahnung, wie ich erklären sollte, *warum* ich mich so schlecht fühlte. Wenn andere mit Lakritze kein Problem hatten – es sogar sehr mochten – wie konnte ich ihnen dann klar machen, dass ich unter dem Geschmack so sehr litt, dass ich heulen wollte?

Wie mache ich anderen begreiflich, dass das, was sie als sanfte Brise empfinden, für mich die Wucht eines Orkans hat? Wie kann ich erklären, dass ich mich in der Sonne fühle, als hätte ich zerebrale Schmerzen? Dass ich um mich schlagen will, weil die Hitze sich anfühlt, als würde sie mein rohes Fleisch rösten und meine Retina verbrennen? Dass Geräuschkulissen wie Vogelgezwitscher, Kirchenglocken und Stimmengewirr für mich so unerträglich sind wie eine Bohrmaschine direkt neben meiner Ohrmuschel? Dass Menschenmassen mich ersticken? Dass die Langeweile bei Small Talk, in beruflichen Meetings, bei Vorträgen, bei vielen Formen der Kunst und Kultur, im Mathe- und Chemieunterricht mich schlicht um den Verstand brachten? Dass ich mich kontinuierlich intellektuell unterfordert sowie sozial überfordert fühle?

Was andere leicht pikst, ist für mich ein Messerstoß in meinen Frontallappen. Doch möchte ich überall und vor jeder Person einen Vortrag über meine Empfindungen halten? Bin ich mir überhaupt jedes Mal so deutlich bewusst über die sensorischen Reize, die schmerzhaft in meinen Ohren klingeln? Kann und möchte ich überall als Königin der Metaphern mein Empfinden so blumig und ausschweifend beschreiben, dass auch die hinterletzte Person meinen Schmerz in all ihren Facetten begreifen kann? Ist das gewünscht, sozial angemessen und wie viel Kraft kostet es mich? Werde ich damit auf Verständnis stoßen oder auf Hohn? Wird man mir für meine Mühen entgegenkommen oder war das Kehren meines Innersten nach außen völlig umsonst? Jedes Mal, wenn ich mich öffne und erkläre, gehe ich das Risiko ein, ausgelacht, verhöhnt, beschimpft und verlassen werden.

In der Realität kann und will ich mich meistens *nicht* erklären, und als wesentlich jüngere und undiagnostizierte Version meiner selbst war ich dazu auch nicht in der Lage. Genau das ist das Problem. Die praktische Unmöglichkeit, das eigene Empfinden und Leid so zu schildern, dass andere die Brisanz im ganzen Umfang begreifen können, ohne einen für völlig verrückt zu halten. Ich winde mich angesichts der haarsträubenden Untertreibung meiner Erklärungen, warum ich die Sonne lieber meiden möchte, oder werde gezwungenermaßen zur Drama Queen, um tatsächlich ernst genommen zu werden. Ein genuscheltes „Mir ist das hier zu warm" erklärt schließlich nicht, warum ich irgendwann zu einem Zombie werde, der nicht mehr reden, reagieren oder auch nur aufblicken kann. Wie viele Superlative braucht es, um zu erklären, dass ich eine Sache *wirklich* nicht ertragen kann?

Vor einiger Zeit fragte ich meine Mutter, wie sie es in unseren Sommer-Urlauben aushalten konnte, bei sengender Hitze touristische Attraktionen zu genießen. „Mir war auch heiß", antwortete sie darauf. „Aber die Orte waren so schön, das überwog für mich". Und in diesem Moment wurde mir klar, dass Hitze für sie eine gänzlich andere Bedeutung haben musste als für mich. Für sie bedeutete Hitze offenbar nicht, dass ihr gesamter Körper in Flammen stand und ihr Nervensystem vor Überlastung schrie. Wenn jemand einem ein brennendes Feuerzeug an den Arm hält, verliert schließlich auch die schönste Kirche ihren Zauber. In diesem Moment sind die Gedanken beim eigenen versenkten Arm und nicht bei architektonischen Wundern. Dieser fundamentale Unterschied war damals jedoch weder ihr noch mir klar.

Er zeigt für mich vor allem eins: Die beschränkten Kommunikationsmöglichkeiten, die man als neurodivergente Person hat. Wenn man erklärt, dass man sehr vergesslich ist, Hitze nicht erträgt und Menschengruppen verabscheut, denken neurotypische Personen, sie wüssten, was das genau bedeutet. Da sie ebenfalls Hitze empfinden können, meinen sie, sie könnten nachvollziehen, wie es mir geht, dabei bewegen sie sich bei derselben Temperatur im Wohlfühl-Barometer vielleicht auf einer entspannten 3, während ich bereits eine blinkende 10 bin. Während andere auch *mal* etwas vergessen, vergesse ich jeden Tag alles und wäre nicht lebensfähig, wenn ich mir nicht jeden Gedanken-Fetzen sofort aufschreiben oder andere Personen darum bitten würde, sich für mich mitzuerinnern.

Das Ausmaß und die Brisanz von Symptomen zu kommunizieren ist ein Kraftakt, insbesondere, wenn einem die Neurodivergenz nicht klar ist oder man sich in einem Umfeld befindet, in dem man sich nicht sicher fühlt. Unsere Sprache ist nicht dafür ausgelegt, schnell und praktisch zu beschreiben, wie es sich anfühlt, wenn alle Reize aus der Außenwelt ungefiltert auf voller Lautstärke auf einen einprasseln. Wenn man die Welt so viel intensiver und überwältigender erlebt als neurotypische Menschen. Ich hätte gern 14 verschiedene Begriffe für Hitze und Sonnenschein, eine so präzise Semantik, dass alle Menschen immer wüssten, wovon wir genau sprechen. Ach so, dir ist gigantomatisch-ultra-hyper-mega-heiß! Dann aber ab in den Schatten!

Neurodivergent zu sein bedeutet auch, ständig abzuwägen, ob man sich outen soll oder nicht. Man steht regelmäßig vor der Entscheidung, die eigenen Bedürfnisse zu teilen und sich verletzlich und angreifbar zu machen, oder doch lieber „einfachheitshalber" dem sozialen Protokoll zu folgen, so gut man kann – auch wenn daran in Wahrheit natürlich nichts einfach ist.

ADHS ist relatable

Die Symptome von ADHS sind in vielerlei Hinsicht sehr relatable. Denn sie sind praktisch eine Liste allgemeingültiger menschlicher Eigen-schaften. Impulsivität, Vergesslichkeit, Spontaneität, Konzentrationsschwierigkeiten, Ungeschicklichkeit, Wut, Ungeduld, eine kurze Aufmerksamkeitsspanne – wer kann sich damit nicht identifizieren? Insbesondere in einer Zeit, die so hektisch und schnelllebig ist wie nie zuvor.

Es ist Fluch und Segen zugleich, dass auch neurotypische Menschen diese Symptome nachempfinden können. Auf der einen Seite fühlt man sich weniger einsam und seltsam, wenn man von der eigenen Neurodivergenz berichtet. Auf der anderen Seite führt dieses vermeintliche Nachempfinden zu mehreren Problemen, beginnend mit der Annahme, dass neurotypische Menschen wüssten, wie es uns geht bis hin zu der Überzeugung, dass im Prinzip alle „so ein bisschen ADHS“ hätten. Doch wenn alle ein bisschen ADHS haben, hat dann überhaupt noch jemand ADHS? Gibt es diese Störung dann überhaupt?

Wenn angeblich jede:r ADHS nachempfinden kann – wie zum Teufel kann es dann sein, dass ich in meinem Leben so einen verdammten Leidensdruck hatte und andere weder mich noch meine Probleme nachempfinden konnten? Warum haben andere Leute Dinge geschafft, die für mich schlicht unmöglich waren und noch immer sind? Wieso habe ich aufgrund meiner Symptome so eindeutig negatives Feedback bekommen? Wenn meine Art der Vergesslichkeit so „normal“ ist, hätte ich dafür doch nicht immer solch einen Ärger bekommen dürfen. Dann hätten alle um mich herum genauso vergesslich sein müssen und ich hätte unisono mit meinem Umfeld Tassen zerdeppert, Kleidung bekleckert, Unfälle gebaut, Spielsachen zerstört und Fragen gestellt, die gerade erst beantwortet worden waren. Das war jedoch nicht der Fall.

Und die einfache Antwort, was den Unterschied zwischen Menschen mit und ohne ADHS ausmacht, ist das Ausmaß und die Intensität besagter Symptome. Alle Menschen sind mal ungeduldig, aber nicht so ungeduldig, dass sie innerhalb eines Tages die gesamte Wohnung in Umzugskartons packen. Alle grübeln mal oder denken zu viel nach, aber nicht alle haben in jeder wachen Minute hunderte sich überlappende Gedanken, über die sie weder die Kontrolle haben, noch wissen, wie sie sich nur für eine Minute Ruhe gönnen können.

Ein Spruch, der das ziemlich gut auf den Punkt bringt, lautet: Alle Menschen gehen auf die Toilette, aber wenn man fünfzig Mal am Tag geht, ist das nicht normal. Für mich bedeuten Empathie und Verständnis nicht, dass andere Menschen mir erzählen, dass sie nachvollziehen können, wie ADHS sich anfühlt (es sei denn, sie vermuten tatsächlich, auch davon betroffen zu sein), sondern dass sie zuhören und versuchen, zu verstehen, wie ich mich fühle. Mir ist es nicht wichtig, dass andere meine Probleme eins zu eins nachfühlen können. Das ist auch überhaupt nicht möglich. Genauso wenig, wie es für mich möglich ist, nachzufühlen wie es ist, blind zu sein. Es reicht aus, zu wissen, worauf man Rücksicht nehmen sollte. Die Auffassung, dass Menschen immer alles nachfühlen und verstehen müssen, führt zu dem unangenehmen Zwang, sich ständig erklären und rechtfertigen zu müssen. Es führt zu Vergleichen und im schlimmsten Fall überlegen wir sogar, wer es jetzt am *schlechtesten* hat. Viel schöner wäre es, wenn Menschen einfach die Bedürfnisse und Grenzen anderer akzeptieren würden, ohne zuerst aufgeklärt und überzeugt werden zu müssen.

Meine Beziehung zu anderen Menschen

Eine neurodivergente Person sagte mir einmal, dass sie schon immer das Gefühl hatte, außer ihr hätten alle eine Art Drehbuch für soziale Interaktionen bekommen. Dieses Gefühl kann ich sehr gut nachvollziehen. Ich wusste bei fremden Menschen noch nie, was ich tun oder sagen soll. Für mich ist das Thema Small Talk so schwierig und anstrengend, dass ich lieber die Treppen in den 14. Stock gehen würde, als mit einer fremden Person in einen Fahrstuhl zu steigen. Jemand Neues kennenzulernen ist für mich ein Graus. Ich bin gehemmt und unsicher, jeder Satz und jede Nachfrage fühlt sich an wie ein Krampf und ich habe Panik davor, dass ich an einer Stelle nicht mehr weiß, was ich sagen soll, und das Gespräch stockt.

Während ich mit meinen Freundinnen wie ein Wasserfall rede und nicht zum Ende komme, ist jeder Satz mit einer weniger vertrauten Person wie Stacheldraht in meinem Hals. Ich würge die Worte hervor und wünsche mir nichts mehr, als fliehen zu können. Selbst wenn ich nur „Hallo" zu meiner Nachbarin sagen muss, winde ich mich innerlich. Ich setze eine freundliche Miene auf, die hoffentlich nicht verrät, dass ich Blut und Wasser schwitze, bis ich wieder aus der Situation entkomme. Mit den allermeisten Menschen möchte ich nichts zu tun haben, weil ich es nicht ertrage, über Banalitäten zu reden oder bestimmte Klischees zu erfüllen. Ich möchte keine Phrasen benutzen und weigere mich, zu banalen Aussagen zu nicken, als handele es sich um eine philosophische Lebensweisheit. Ich bin die Person im Publikum, die bei einem billigen Scherz mit versteinerter Miene dasitzt, während die Leute um sie herum aus Höflichkeit lachen.

Ich möchte niemandem die Hand geben und schaue Menschen nicht gern in die Augen. Ich will nicht berührt werden, es sei denn, ich kenne und mag die Person. Fassen Fremde mich ohne zu fragen an, will ich durchdrehen und fühle mich beschmutzt. Nach Begegnungen mit Menschen, bei denen ich mich nicht wohlgefühlt habe und mich stark verstelle, bin ich grundsätzlich wahnsinnig erschöpft. Wenn es geht, fliehe ich währenddessen oft auf die Toilette und andere kühle und leere Räume, brauche Pausen und bin unglaublich erleichtert, wenn ich endlich gehen darf.

Wenn ich als Jugendliche und junge Erwachsene auf Partys nicht gerade sternhagelvoll war, stand ich peinlich berührt in einer Ecke herum und hatte keine Ahnung, wie ich mich verhalten sollte. Woher wussten alle anderen, wie man sich anspricht, unterhält und anfreundet? Früher vermutete ich, die Leute würden sich für etwas Besseres halten und mich mit Absicht ignorieren. Inzwischen denke ich, sie wussten einfach genauso wenig mit mir anzufangen wie ich mit ihnen. Es fehlte der Vibe, die Natürlichkeit. Ich bin in vielen sozialen Gruppen verkrampft und sicher nicht die Einzige, der das auffällt.

Als ich in die Oberstufe kam, wurden bei uns zwei Jahrgänge zusammengelegt. Am ersten Tag des neuen Schuljahres stand ich mutterseelenallein vor meinem Kurs-Raum, während um mich herum alles schnatterte und klönte. Wie konnten zwei Jahrgänge auf einmal so viele Freundschaften und Bekanntschaften geschlossen haben, obwohl das Schuljahr noch nicht einmal begonnen hatte? Woher wussten sie, wer die anderen waren und wie man in Verbindung kam? Sah ich hier Freundschaften oder waren die Menschen einfach nur höflich in Small Talk vertieft? In meinem Mathe-Kurs saß ich neben einem Mädchen, das *neu* an der Schule war und in einem Doppeljahrgang mit über zweihundert Schülerinnen und Schülern dennoch sofort Freundschaften knüpfte. Abgesehen von ihr sollte *ich* in diesen zwei Jahren mit niemandem eine neue Freundschaft schließen.

Soziale Interaktionen

Nach dem Aufeinandertreffen mit den meisten Menschen habe ich das Gefühl, meine gesamte Energie wäre im nächsten Gully versickert. Als müsste ich nach dem Kraftverlust erst mal drei Stunden ein Nickerchen machen. Dabei bin ich keine unsoziale Person und verabscheue Menschen nicht generell. Manche Menschen rauben mir keine Energie, sondern lassen mich schweben. Wie anstrengend ich soziale Interaktionen empfinde, hängt davon ab, wie sehr ich in einem Gespräch ich selbst sein kann. Nichts ist erschöpfender, als eine Rolle zu spielen, eine Maske aufzusetzen und so zu tun, als wäre man „normal". Das Problem ist nur: Ich maskiere bei neuen Kontakten aus Sicherheitsgründen erst einmal automatisch. Es ist mein Schutzmechanismus. Mit Fremden *nicht* zu maskieren, fühlt sich so an, als würde ich nackt zu einem Gespräch gehen.

Doch das ist eigentlich unfassbar schade, denn wenn ich eine Maske aufsetze, verstecke ich nicht nur meine vermeintlich unakzeptierbaren Verhaltensweisen, sondern auch meine wunderbare Persönlichkeit, quirlige Kreativität und Liebe zu tiefgründigen Analysen. Mit Maske bin ich nicht witzig, liebevoll, innovativ und clever. Ich bin eine Hülle. Und wer unterhält sich schon gern mit einer Hülle? Je weniger ich mit einer Person gemeinsam habe, desto mehr verdecke ich mein Wesen und meine Interessen. Desto weniger sage ich, was ich sagen will, was mich beschäftigt und interessiert. Ich werde zur reinen Projektionsfläche des anderen Menschen. Zu einem Tablett, auf dem man Sachen abstellen kann. Mit enormem Kraftaufwand *kann* ich diese Rolle spielen, doch danach fühle ich mich erschöpfter als nach einer schweren Trainings-Einheit.

Ein Teil des Maskierens ist auch das Verstecken meiner wahren Emotionen in der Interaktion. Dabei spielt für mich Langeweile und Konzentration eine riesige Rolle. Es gibt Gespräche, in denen ich langsam aber sicher zu einer kleinen Pfütze zerfließe. In der mich schlicht und ergreifend nicht interessiert, worum es geht. Und anstatt wie andere Menschen höflich zu nicken und die Sache abzuhaken, tobt in mir ein wilder Kampf. Mein Fluchtinstinkt weist mich an, das Weite zu suchen. Meine Augen tränen, ich gähne unentwegt und bin der unhöflichste Mensch der Welt. Doch ich kann es nicht ändern. Zuzuhören strengt mich in diesen Momenten so stark an, dass meine Konzentration schnell nachlässt und ich oft nur Bruchstücke der Unterhaltung mitbekomme. Mein Gehirn weigert sich einfach, aufzupassen.

Ich versuche, mich der Etikette halber auf das Gesprochene zu fokussieren und merke, wie mir dabei meine Eingeweide verfaulen. Manche Erzählungen von Menschen finde ich so unerträglich, dass ich dabei das Gefühl habe, zu sterben. Ich bin überzeugt davon, dass diese Situation niemals enden wird. Mein fehlendes Zeitgefühl ist dabei keine Hilfe. Ich schäme mich oft dafür, dass ich mich nicht einfach zusammenreißen und „erwachsen" sein kann.

Es gibt für mich nichts Schlimmeres als unkreative Gespräche. Alte und sich wiederholende Geschichten, gängige Formulierungen, Klischees und Stereotype, einfache Sätze, langsames Reden, banale oder trockene Themen sind für mich Folter. Ich moralisiere Humor und sehe flache Witze als Affront gegen mich persönlich. Ich halte es nicht aus, wenn Menschen in meiner Umgebung über billige Scherze lachen. Small Talk fühlt sich für mich so an, als würde ich die gleiche fade Werbung für Waschmittel hundert Mal hintereinander ansehen müssen.

Stattdessen nähre ich mich von persönlichen Geschichten, spannenden Zwischenmenschlichkeiten, kreativen Beschreibungen, innovativem Humor, cleveren Analysen, Metaphern, ausladenden Gesten und ulkiger Mimik. Finde ich eine Geschichte oder Person spannend, sitze ich an der Kante des Stuhls und sauge mit riesigen Augen jedes Detail auf. Ich möchte *alles* wissen. Meinst du, das hat er gesagt, weil er mit seinem Vater in der Kindheit schon einmal ein ähnliches Problem hatte? Ach, das erinnert mich total an einen Satz, den ich mal in einem Buch gelesen habe, als ich 14 war, und der ging so!

Vor Aufregung falle ich ins Wort, unterbreche, plappere meine eigenen Erfahrungen hinein und frage nach jedem Detail. Bin wie ein Schwamm, ein koboldgearbeitetes Schwert, das nur aufnimmt, was es stärker macht und den Rest abweist. Ich brauche Input, Neues, Weiterentwicklung, Gehirnakrobatik und Formulierungen, bei denen ich vor Verzückung Gänsehaut bekomme. Ich möchte überrascht werden und das Gefühl haben, das Erzählte ist so innovativ, dass ich das Skript dafür noch nirgendwo gelesen habe und nicht im Traum selbst hätte schreiben können.

Männer

Ich hatte schon immer ein seltsames Verhältnis zu Jungs und Männern. Weder körperlich noch emotional habe ich mich je sicher bei ihnen gefühlt und insbesondere erwachsene Männer machten mir als Kind und Jugendliche große Angst. Ich empfand sie als Bedrohung und fühlte mich unwohl in ihrer Gegenwart, durch ihre Blicke auf mich und meinen Körper. Ein unbescholtenes Verhältnis zu Männern war mir fremd. In der Pubertät litt ich unter massivem Catcalling, Kommentaren in Bezug auf meinen Körper, wie „reif" und „fraulich" ich doch aussehen würde. Damals fragte ich mich oft, ob ich einfach nur paranoid sei und Männern fälschlicherweise eine (böse) Absicht unterstellen würde. Heute denke ich, dass ich mit meiner Vermutung richtig lag und zu viele erwachsene Männer ein ungesundes Interesse an sehr jungen Mädchen haben.

Doch auch Jungs in meinem Alter machten mich unsicher. Ich konnte mit ihnen nichts anfangen, verstand ihr Verhalten nicht, fand sie zu laut, zu aggressiv, zu unsensibel und unfreundlich. Ich machte die Erfahrung, dass viele gleichaltrige Jungs mich nicht mochten, sondern ärgerten, ignorierten oder schlicht und ergreifend kein Interesse an mir hatten. Ich hatte niemals männliche Freunde. Ich fand alles, was Jungs taten und sagten, langweilig und konnte mit ihnen keine Gespräche führen. Auch heute gibt es in meinem Leben nur sehr wenige Männer, die ich aufrichtig mag, interessant finde und denen ich vertraue.

Konträr zu meinen tatsächlichen Empfindungen war ich als Mädchen aber überzeugt davon, dass ich unbedingt die Aufmerksamkeit von Jungs haben wollte. Mein internalisierter Sexismus lehrte mich, dass Jungs cooler, interessanter, besser und aufregender waren als Mädchen. „Von allen Menschen, die ich kenne, mag ich die Frauen und Mädchen mehr. Aber insgesamt mag ich Jungs und Männer lieber", erklärte ich einmal einer Freundin. Die Absurdität dieser Aussage verstand ich damals nicht. Dass ich meiner eigenen Sozialisierung so ausgeliefert war und glaubte, was mir die Gesellschaft vermittelte, obwohl mein eigenes Leben mich das Gegenteil lehrte.

Als Teenagerin sehnte ich mich sehr nach einem festen Freund. Trotz meiner schlechten Erfahrungen mit Jungs dachte ich, es sei unglaublich wichtig, eine romantische Beziehung zu führen. Ich wollte die soziale Anerkennung haben, die damit einherging. Das Problem war, dass ich an den allermeisten Jungs und später Männern kein oder nur oberflächliches Interesse hatte, und sobald sich ernsthaft etwas anbahnte, war ich häufig abgestoßen, angeekelt und beschämt. Ich wollte keinen Körperkontakt, fühlte mich unwohl, empfand offensichtliches Interesse an mir – selbst, wenn ich mir dieses vorher gewünscht hatte – schnell als überfordernd und abstoßend. Sobald es konkret wurde, hatte ich das Gefühl, wegrennen zu wollen. Hinzu kam die Tatsache, dass ich häufig nur Interesse von den Personen bekam, die ich selbst überhaupt nicht mochte, aber dachte, ich müsse nehmen, was ich kriegen konnte. Ich schaute nicht darauf, wen *ich* gut fand, sondern wer mich nehmen würde.

Ich führte Beziehungen zu Männern und hatte One-Night-Stands, die ich währenddessen und danach als furchtbar empfand. Als Mädchen und junge Erwachsene verstand ich nicht, dass meine Bedürfnisse in Beziehungen ebenfalls relevant waren und ich nichts tun musste, das mir missfiel. Ich verstellte mich massiv und wollte einfach nur geliebt werden. Ich geriet häufig an die falschen Personen, wagte aber nicht, mich um diejenigen zu bemühen, die ich selbst toll fand. Mein mangelndes Selbstwertgefühl sorgte dafür, dass ich lange Zeit nicht für mich einstehen konnte und mich nur danach richtete, was andere von mir wollten. Viel Therapie, feministische Bildung, der Kraftsport und schlussendlich meine Diagnosen lehrten mich, dass ich mein Schicksal (und Liebesleben) selbst in die Hand nehmen konnte und als Frau keine passive und duckmäuserische Haltung einnehmen muss.

Die Maske

Der Begriff „Maskieren" oder auf Englisch „Masking" stammt aus der Forschung zur Autismus-Spektrum-Störung. Er beschreibt das bewusste oder unbewusste Verstecken von autistischen Verhaltensweisen und Symptomen mit dem Ziel, neurotypisch zu wirken. Auch viele Menschen mit ADHS haben den Begriff für sich übernommen, wobei die Praktik und das Ziel der Mimese gleich bleiben. Insbesondere geht es darum zu vermeiden, im Kontakt mit Außenstehenden negatives Feedback zu erhalten und sozial ausgeschlossen zu werden.[21] Masking kann viele verschiedene Formen annehmen und eine einheitliche Definition, was alles darunter fällt, ist schwierig, besonders, weil es sich sowohl bei ADHS als auch bei Autismus um Spektren handelt.

---

[21] Price (2022).

Sehr typisch für Masking ist das Unterdrücken oder Abwandeln von selbststimulierendem Verhalten – Stimming -, das unter neurodivergenten Menschen weit verbreitet ist. Es dient dazu, sich selbst nicht in Gefahr zu bringen, da auffälliges Stimming unfreiwillig die Aufmerksamkeit von Menschen auf sich ziehen kann, die sich darüber lustig machen oder einen sogar angreifen könnten. Weitere Masking-Beispiele sind das Verbergen von abweichendem Sozialverhalten, (Spezial-)Interessen, Unordnung und Chaos, Unverständnis und Unwissenheit über soziale Protokolle sowie die Imitation neurotypischer Menschen in Hinblick auf ihre Mimik, Gestik, Sozialverhalten und Interessen.[22]

Manche Betroffene maskieren in Gesellschaft so gut, dass sie nicht als neurodivergent auffallen, und andere scheitern daran. Nicht alle *können* maskieren, und es ist Fluch und Segen zugleich: Als neurotypisch wahrgenommen zu werden, bringt typischerweise einen gesellschaftlichen Vorteil mit sich. Auf der anderen Seite ist es unfassbar kräftezehrend, ständig eine Rolle zu spielen. Es kann zu ernsten gesundheitlichen und mentalen Konsequenzen führen.

Vieles deutet darauf hin, dass vor allem weiblich sozialisierte, queere und nicht-weiße Menschen häufiger und besser maskieren (müssen), und gerade aus diesem Grund oftmals falsch oder gar nicht diagnostiziert werden.[23] Meiner Meinung nach ist diese Tatsache das Ergebnis einer Kombination von weiblicher Sozialisierung und Sexismus in der Forschung, die sich jahrzehntelang nur weißen Jungen widmete und oft sogar negierte, dass Mädchen überhaupt ADHS haben oder autistisch sein können.[24]

---

[22] Price (2022).

[23] Price (2022).

[24] Carl et al. (2022).

An dieser Stelle stellen sich viele wahrscheinlich die Frage, inwiefern Masking sich von einer „normalen" Anpassung an soziale Situationen unterscheidet. Sich „anzupassen" kennen sicher alle – auch neurotypische Menschen. Schließlich würden die wenigsten sich in ihrem Job, mit Freund:innen oder sogar der Familie so benehmen, wie sie es zu Hause, alleine oder mit einem intimen Partner tun würden. Verschiedene soziale Umgebungen erfordern unterschiedliche Verhaltens- und Charakterzüge, und die meisten von uns wollen präsentabel und sozialverträglich auftreten. Wo liegt der Unterschied zwischen einer leichten Veränderung des Sozialverhaltens, der Sprache sowie einer allgemeinen Höflichkeit – und dem Maskieren einer Neurodivergenz?

Entscheidend ist hierbei das Ausmaß und die Intensität des Maskierens, was genau und aus welchem Grund maskiert wird und wie groß der Leidensdruck ist, der dabei entsteht. Sich in einem beruflichen Meeting einen Pups zu verkneifen, ein bisschen höflicher zu sein als man möchte oder nicht jedem direkt von den intimsten Geheimnissen zu erzählen, ist sicher nicht so anstrengend und die eigene Persönlichkeit negierend wie das Verschweigen und Verstecken von Stimming, Spezialinteressen, Hobbys, Echolalie, sensorischer Überreizung, Shutdowns und Meltdowns sowie das pausenlose Kommunizieren auf einer Ebene, die für einen völlig unnatürlich und wahnsinnig anstrengend ist.

Meine Maske

Es ist schon eine ganze Weile her, da saß ich mit meinem Freund in der Küche und sagte zu ihm: „Manchmal habe ich das Gefühl, ich habe keine Ahnung, wer ich überhaupt bin. Ich fühle mich, als hätte ich mein Leben lang nur andere Menschen kopiert und imitiert. Was ist überhaupt echt an mir? Bin ich eigentlich ein richtiger Mensch?"

Das war lange, bevor ich auch nur ahnte, neurodivergent zu sein.

Es war nicht das erste Mal, dass ich diese Art von Gedanken hatte. Lange Zeit meines Lebens war mir nicht bewusst, was mich ausmachte. Welche Dinge gefielen mir und wobei empfand ich *inhärent* Freude? Ich wusste nur, was mich abstieß und erschöpfte. Manchmal nicht einmal das. Ich kannte das diffuse Gefühl des Genervt- und Ausgelaugtseins. Das Bedürfnis, vor sozialen Interaktionen einfach *fliehen* zu wollen. Ich war dauerhaft unglücklich und erschöpft.

Heute weiß ich: Das war das Ergebnis eines beinahe 30-jährigen Lebens mit unbewusstem Masking. Der Schaden, den ich damit an mir selbst verursacht hatte, ist gewaltig. Die Maske nach so langer Zeit abzusetzen – oder es zumindest zu versuchen – war ein langwieriger und schwieriger Prozess für mich, der noch lange nicht beendet ist.

Mein Masking begann in frühester Kindheit, ausgelöst durch schmerzhafte und prägende Erfahrungen. Es war die Reaktion auf Trauma. Auf Spott, Kritik und Irritation in Bezug auf Dinge, die nicht von mir zu lösen waren. Vernichtende Kommentare darüber, dass ich seltsam oder falsch *gucken* würde, dass ich mich ungewöhnlich *bewege*, auf „komische" Art und Weise Dinge erledige. Ekel über mein Stimming-Verhalten als Kind, Augenrollen über meine Unfälle, Ungeschicklichkeit, Vergesslichkeit und das Verbummeln meiner Utensilien. Abschätzige Blicke über meine Bedürfnisse und Abneigungen. Bewertet wurden dabei Dinge, die nichts mit moralischem Fehlverhalten zu tun hatten, sondern eine Abweichung von dem waren, was als „normal" galt. Ich tat damit niemandem weh, wurde aber trotzdem zurechtgewiesen. Die sofortige und offensichtliche Abneigung von Menschen, die mich noch nicht einmal wirklich kannten sowie die schlechte Behandlung von Erwachsenen – das alles bestärkte mich in der Annahme, dass ich ein „Freak" war und mich *dringend* ändern musste.

Da es sich jedoch um so grundlegende Dinge wie Essen, Gehen, Lachen, Spielen, Unterhaltungen und Begrüßungen handelte, von denen ich nicht einmal wusste, inwiefern man diese „falsch" machen konnte, verstand ich die Regeln nicht. Wie tat man sich bitte „richtig" Essen auf den Teller? Ich griff zu der einzigen Möglichkeit, die ich sah: dem Kopieren anderer Menschen. Ich begann früh, die Mädchen in meiner Umgebung genau zu beobachten und mir ihre Art anzueignen. Ich imitierte dabei ihre Mimik und Gestik, aber auch Eigenheiten und Vorlieben wie Handschriften. Ich sprach Worte so aus, wie andere sie aussprechen. Hielt Gegenstände in der Hand, wie andere sie hielten, und kratzte mich, wie andere sich kratzten. Es war absurd. Aber die Vorstellung, mein eigenes Wesen einfach fließen zu lassen, war aufgrund der vorhergehenden Ablehnung abwegig und beängstigend zugleich.

Ich tat so, als würden mir Dinge Spaß machen, die anderen gefielen. Verschwieg, woran ich wirklich Freude empfand und hatte das Gefühl, meine wahren Interessen und Bedürfnisse seien allesamt peinlich und grotesk. Ich beobachtete mich selbst von außen und analysierte jede meiner Bewegungen. Ich verstand nicht, wenn mein Bauchgefühl mir signalisierte, dass ich mich unwohl fühlte, und schalt mich dafür, dass ich die Dinge am meisten genoss, die für andere keine echten Aktivitäten und legitime Genüsse waren.

Ich bin tatsächlich und im übertragenen Sinne die Art von Person, die den trockenen Rand der Pizza am liebsten mag, während andere den dicken Belag in der Mitte präferieren. Genieße die Dinge, die für andere Leute Arbeit, langweilig, Zwischenstadium und trockene Add-ons sind. Werkzeuge für den eigentlichen Spaß. Als würde *ich* den Bilderrahmen bewundern, während andere diesen nur als Notwendigkeit für das begehrte Gut, das Bild, nutzen. Für mich fühlt es sich so an, als wären die Dinge, die ich genieße, die Sachen, bei denen andere die Augen verdrehen, weil sie sie so anstrengend und doof finden. Als wäre ich ein langweiliges katholisches Internat und würde eine Lebensweise praktizieren, gegen die andere rebellieren.

Der schönste Teil von Urlauben und Ausflügen war als Kind für mich oft die lange und ruhige Autofahrt zum Zielort. Ich packe gern Lebensmittel aus und sortiere neue Kleidung ein. Ich liebe es, aufwendig mit der Hand zu schreiben, das Tippen auf meinem Laptop, neue Fremdwörter zu lernen und meine Bücher nach Farbe und Größe zu sortieren. Ich habe Spaß am Bügeln und Saugen, mag es, den Geschirrspüler auszuräumen, und finde Ordnungs- und Sortiersysteme spannend. Ich habe riesige Freude an Sachbüchern, Romanen und Fan-Fictions und ziehe lesen der Konversation mit den meisten Menschen vor. Ich räume gern auf und liebe schweres Krafttraining. Ich bin gern nüchtern und finde es toll, früh schlafen zu gehen. Ich gucke stundenlang allein Serien, ziehe meine Rollos im Sommer herunter und verbringe die meiste Zeit drinnen. Ich könnte mich den ganzen Tag nur von trockenem Brot, Obst und Gemüse ernähren. Als ich einmal als Kind die Schule schwänzte, verbrachte ich den gesamten Tag in einem Buchladen. Statt jedoch dazu und zu mir selbst zu stehen, begann ich in meiner Kindheit, meine Bedürfnisse und Wünsche zu maskieren. Ich wollte dazu gehören und nicht immer hören, wie ungewöhnlich und seltsam ich sei.

Für mich hat sich Augenkontakt mit Menschen schon immer so angefühlt, als würde ich direkt in das Auge Saurons blicken. Der Schmerz, den ich dabei empfinde, ist wirklich schwer zu beschreiben. Bei fremden Menschen ist es umso schlimmer. Das Gefühl dabei ist so unangenehm, dass ich es meistens nur einige Sekunden aushalte. Dann gönne ich mir ein wenig Pause, während eine Stimme in meinem Kopf mich anschreit, dass die andere Person mich als grob unhöflich, ja beinahe feindselig empfinden wird, wenn ich es nicht schnell auf die Reihe bekomme, wieder den Blickkontakt zu suchen. Und so zwinge ich mich, immer wieder in die Augen meines Gegenübers zu gucken, um zu zeigen, dass ich zuhöre. Dabei fühle ich mich, als würde ich schutzlos in die pralle Sonne glotzen.

Ich maskiere meine Impulse zu singen, zu tanzen und zu stimmen. Genauso wie mein Bedürfnis, nur relevante Informationen herauszugeben und zu gehen, wenn ich sensorisch komplett überreizt bin. Ich maskiere meine Langweile, die ich mit den allermeisten Menschen empfinde und versuche, meinen natürlichen Gesichtsausdruck einladender, schöner und höflicher zu gestalten. In meinen Anstellungsverhältnissen maskierte ich das Bedürfnis, alleine zu sein, und unterhielt mich mit Kolleg:innen und Vorgesetzten über private Dinge und Trivialitäten. Ich stellte Fragen, deren Antwort mich nicht interessierte und ging zu sozialen Events und Feiern, die mich nur belasteten.

Für mich ist jede Form von Small Talk Masking. Und das betrifft nicht nur die kurze Interaktion mit der Supermarkt-Kassiererin oder einer neuen Kollegin, sondern auch mit Menschen, die ich schon lange kenne. Es gibt Personen, mit denen war ich jahrelang „befreundet", ohne einmal meine Maske fallenzulassen. Ich hatte oft das Gefühl, ich hätte verschiedene Persönlichkeiten, die ich wie ein Kostüm überstreifte, um sie bei passender Gelegenheit vorführen zu können. Ich maskierte, weil ich überzeugt davon war, dass meine Bedürfnisse, natürlichen Handlungen und Eigenschaften andere Menschen verletzen, vor den Kopf stoßen oder anekeln. Es ist die Überzeugung, dass ich und meine Wünsche keinen – oder auf jeden Fall weniger – moralischen Wert haben als die von anderen, inklusive völlig fremder, Menschen, denen ich in Wahrheit absolut nichts schulde.

Trotz seiner schädlichen Auswirkungen ist Masking keine irrationale Entscheidung. Neurodivergente Menschen maskieren nicht, weil sie selbst ihren Charakter oder ihre Verhaltensweisen als so schlimm empfinden, sondern weil sie sich durch negatives gesellschaftliches Feedback dazu gezwungen sehen. Selbst jetzt, im Alter von 31 Jahren, wird mir noch immer regelmäßig gezeigt, dass mein Verhalten nicht wünschenswert ist, auch wenn ich damit niemandem schade.

Es kann Situationen wesentlich unkomplizierter und erträglicher machen, wenn ich maskiere, weil ich dann meine Eigenheiten niemandem erklären oder rechtfertigen muss. Gleichzeitig ist es so auslaugend und unangenehm, dass ich dabei oft das Gefühl habe, meine Eingeweide würden sich vor Abscheu verknoten. Masking lässt einen zweifeln und vergessen, wer man wirklich ist. Es schädigt den Selbstwert und führte bei mir zu einem starken Imposter-Syndrom. Durch das ewige Gefühl, alles nur zu spielen und nicht authentisch zu sein, kam es mir früher so vor, als hätte ich mir alle meine Erfolge und Beziehungen nur ermogelt.

Es war allen voran das Masking, das mich in meinen verschiedenen Anstellungen hochgradig depressiv und zu bestimmten Zeitpunkten suizidal werden ließ. Gleichzeitig war es eine ökonomische Notwendigkeit, da ich unmaskiert nie irgendeinen Job bekommen hätte oder hätte behalten können. Maskieren war damit essenziell für mein finanzielles Überleben.

Neurodivergenz und Weiblichkeit

Sie fehlt mir schon mein Leben lang: Diese gewisse Grazie.

„Ein Glanz sein", nannte es die Protagonistin in einem meiner liebsten Romane einmal. Ein Glanz ist etwas Sanftes, Zerbrechliches, aber auch geheimnisvoll und anziehend. Ein Wesen, das in einen Raum hinein schwebt und eine natürliche Eleganz ausstrahlt. Fließende Bewegungen und diese gewisse Leichtigkeit, über die nicht nachgedacht werden muss. Die Tasse mit genau dem richtigen Druck auf den Tisch absetzen, die perfekt manikürten Fingernägel klackern auf der Tastatur und dieser leicht federnde Gang. Ich habe mir diese Eleganz und damit verbundene Attraktivität immer gewünscht. Sie stark mit der Vorstellung von Weiblichkeit verknüpft. Wollte ein zartes Wesen sein, auf das man achtgeben muss. Eine Person, der die halbe Portion auf dem Teller ausreicht, und die immer ein süßes Lächeln auf den Lippen trägt.

Ich weiß, dass ich in Klischees denke und heftig von einem <u>Male Gaze</u> beeinflusst bin, der Frauen und weiblich gelesene Personen mehr als wohlduftende Blumen denn als echte Menschen dargestellt haben möchte. Mir ist bewusst, dass ich einem Ideal verfallen bin, welches mir und anderen Frauen aktiv schadet.

Internet- und Medientrends wie „That Girl" oder „Clean Girl", die Yogalehrerin oder Carrie Bradshaw aus *Sex and the City*, die Influencerin mit der glasklaren Haut und dem süßen Wuscheldutt, Elben-Schönheiten wie Arwen oder Galadriel aus *Der Herr der Ringe* – sie faszinieren mich. Dem gegenüber hat mein Wissen über das Patriarchat und unrealistische Schönheitsideale, die uns unterdrücken, keinen Wert, weil es nichts daran ändert, was sich von klein an in mein Hirn hineingebrannt hat: Du bist nicht elegant, aber du solltest es sein.

Ja, ich wollte eine von ihnen sein. Den süßen Mädchen mit den ordentlichen Federmäppchen, die Reiten und Ballett tanzen und immer gut riechen. Eine von denen, deren seidiges langes Haar in einem französischen Zopf von einem Zopfgummi mit roten Perlen zusammengehalten wird.

Manchmal fühle ich mich wie die Protagonistin in *Fleabag*, die sich in einem Moment der Schwäche verzweifelt fragt, ob sie nur Feministin geworden sei, weil sie kleine Brüste habe. Ich bin keine Dame. Ich bin die, die so laut und hässlich lachte, dass sie regelmäßig von genervten Lehrkräften zurechtgewiesen wurde. Ich bin die mit der schlechten Laune und dem Gesichtsausdruck, von dem andere mir regelmäßig sagten, er würde ihnen Angst machen. „Du und dein Todesblick“, kommentierten meine Klassenkamerad:innen, obwohl ich nur gedankenverloren war, nur nachdachte, nur schaute. Wie kann man Menschen mit einem Blick töten, wenn man lediglich darüber nachgrübelt, was man später essen möchte?

Ich war kein Mädchen, das gute Laune verbreitete, ich war nicht kümmernd, nicht warm, nicht einladend. Ich war die, die jedes Spiel doof fand und nach Hause wollte. Die schlechte Verliererin, die das Spielbrett umschmiss und wütend aus dem Raum rannte. Deren Stimmung von einer Sekunde zur nächsten kippte und bei der man nie wusste, welche Laune sie in den nächsten Minuten wohl haben würde. Die, die hässliche Grimassen schnitt, um andere zum Lachen zu bringen.

Auch heute bin ich kein Glanz. Ich schwebe nicht in Räume, ich stolpere in sie. Ich bin grobschlächtig und kräftig. Raufte früher mit meinen Freundinnen und hatte eine Sportlichkeit, die keine Eleganz aufwies, sondern rohe Kraft. Ich bin keine Ballerina, sondern Powerlifterin. Ich setze meinen Willen durch, indem ich so lange auf Dinge einhämmerte, bis sie passen. Ich trinke meine Cola in einem Zug aus und esse schneller als alle anderen. Ich habe keine Zurückhaltung oder Bescheidenheit. Mein Hunger ist immer größer als der von anderen und trotzdem werde ich nicht satt. Fahrigkeit und Polterei, das Aufreißen von Türen mit viel zu viel Schwung, die Erledigung von Sachen mit Hektik, Ungeduld und Genervtsein. Eingerissene Nägel und vollgekrümelte Handtaschen mit alten eingewickelten Kaugummis. Vergessen zu spülen, vergessen das Gesicht zu waschen und den Schlaf aus den Augen zu entfernen, 400 Tippfehler, verschmierte Mascara und kaputte Tassen. Den Kaffee über den Laptop geschüttet und mit dem BH-Träger an der Tür hängen geblieben. Neben meinem Schwarm gegen die Säule gerannt und beim Fahrradfahren rücksichtslos allen die Vorfahrt genommen. Nicht zugehört und vergessen, zum Geburtstag zu gratulieren. Keine Lust auf Plaudereien bei der Arbeit, keinen Nerv zu grüßen, zu lächeln, anderen ein gutes Gefühl zu geben.

Ich fühle mich plump, roh und ungefiltert. Zu laut, zu viel, zu ausladend, zu *männlich*. Mir ist erst mit meiner ADHS-Diagnose klar geworden, dass viele meiner Eigenschaften, die ich als hässlich, unsexy, peinlich und maskulin wahrnahm, mit meiner Neurodivergenz zu tun haben. Unfälle und blaue Flecken, das Stolpern über die eigenen Füße und Stimming, das nervöse Herumspielen an Gegenständen, den eigenen Händen, Fingernägel knabbern, das wilde und aggressive Kauen an der Wangeninnenseite. Die Stimmungsschwankungen und emotionale Instabilität, das Herumschreien und die endlose Wut – all das ist das Gegenteil von einem weiblichen Ideal. ADHS ist nicht sexy.

Nach der Diagnose stellte ich fest, dass ich bis dahin nicht nur versucht hatte, die Rolle eines neurotypischen Menschen zu spielen, sondern auch die einer neurotypischen, idealen Frau. Am Ende ist das Problem, dass wir überhaupt diese weiblichen Ideale haben. Männer mit ADHS haben schließlich dieselben Probleme, ihre Kleidung sauber zu halten, doch bei ihnen ist dies kein Zeichen dafür, dass sie unmännlich sind. Im Gegenteil. Von Männern wird keine Eleganz, keine Schüchternheit und Bescheidenheit, keine Zurückhaltung und penible Sauberkeit erwartet. Sie gelten nicht als unmännlich, wenn sie wütend sind und herumschreien, wenn sie ernst gucken oder nicht zugänglich sind. Vielleicht ist das auch ein Grund, warum es so lange dauerte, bis wir erkannt haben, dass zahlreiche Frauen und weiblich gelesene Personen ADHS haben. Weil alle Eigenschaften, die wir mit ADHS verbinden, inhärent männlich sind. Laut, chaotisch, wild und ungestüm: Das kann und darf es doch gar nicht bei Frauen geben.

Stimming

Als Kind habe ich entsetzlich an meinen Fingernägeln geknabbert. Ich hatte nicht nur pausenlos meine schmutzigen Finger im Mund, sondern lief auch ständig mit blutigen Fingerkuppen durch die Gegend. Kein schöner Anblick. Ich schämte mich sehr, insbesondere, weil ich immer wieder darauf aufmerksam gemacht wurde, wie widerlich das doch sei. Als ich elf war, hörte ich auf, an meinen Fingernägeln zu knabbern und begann stattdessen, meine Nagelhaut abzupulen und meine innere Lippe sowie das Zahnfleisch abzubeißen. Das sieht mindestens genauso hässlich aus und tut auch noch verdammt weh. Ich liebe und hasse den Schmerz, der beim Nagelpulen und Lippenbeißen entsteht. Manchmal bin ich bei Letzterem so brutal, dass ich mir ein Taschentuch dagegen drücken muss, weil sie so arg blutet. Am nächsten Tag kann ich dann keine sauren Lebensmittel essen, weil es so brennt. Warum tue ich mir das an?

Es liegt an meinem Stimming-Bedürfnis. Ich muss etwas tun, um mich selbst körperlich zu stimulieren. Das ist so groß, dass ich es nicht mal eine Minute, manchmal nicht mal ein paar Sekunden aushalte, komplett ruhig dazusitzen. Als Kind lutschte ich wesentlich länger an meinem Daumen, als ich es öffentlich zugeben möchte, und lernte auch durch andere peinliche Stimming-Praktiken früh, dass ich einen Weg finden musste, der gesellschaftlich zumindest *halbwegs* akzeptiert war: Und so wurde ich zur Malträtiererin meiner eigenen Finger.

Ich dachte lange Zeit, ich könne nicht aufhören, mich zu verstümmeln, weil es mir an Willenskraft fehlte. Ich müsste mir einfach nur genug *Mühe* geben, meine Finger und mich selbst ruhig zu halten. Wie mit beinahe allen Symptomen meiner Neurodivergenz gab ich mir selbst die Schuld dafür, was ich alles nicht (lassen) konnte. Doch ich schaffe es nicht, Kaugummis *nicht* mit der Vehemenz einer Kampfesserin zu kauen und eine riesige Blase nach der nächsten zerplatzen zu lassen. Ich kann keinen Stift in die Hand nehmen, ohne sofort mit Penspinning zu beginnen. Meine Finger sind immer auf der Suche nach einer Beschäftigung, nach drehenden, pulenden, drückenden, kreisenden Bewegungen. Ich kratze mich und wippe mit meinen Füßen, wackele mit den Zehen, knacke meine Finger, habe als Kind pathologisch gekippelt, klicke meine Fingernägel beim Lesen gegen den Buchrücken, streiche meine Finger übereinander und bewege meinen Körper im Takt der Musik, die ich 15 Stunden am Tag höre.

Das eigentliche Problem beim Stimming ist nicht das Bedürfnis danach. Das Problem ist die Pathologisierung davon. Das Nicht-Wissen darüber, wie ich mich selbst stimulieren kann, ohne mich dafür zu schämen und andere zu stören. Wie sehr hätten mir in meiner Kindheit Fidget-Toys geholfen, Stimming-Ringe und Plopp-Spielzeuge, oder die schlichte Erkenntnis, dass die Tugend des „Ruhigseins" nichts mit Moral und gutem Benehmen zu tun hat, sondern ein rein soziales Konstrukt ist, das man hinterfragen darf.

Rejection Sensitivity Dysphoria – Die Angst vor Zurückweisung

Mein Freund nennt mich gern liebevoll sein Soufflé. Die kleinste Schwingung im Raum, ein minimaler Abfall der Temperatur, eine ungünstige Vibration, und ich falle in mich zusammen. Vorsichtig ausgedrückt könnte man sagen, ich bin ein sehr sensibler Mensch. In Wahrheit wird „Sensibilität" aber nicht einmal annähernd der Wucht gerecht, mit der mich Ereignisse treffen oder mit der *ich* auf eben diese reagiere.

Ich leide an emotionaler Instabilität und Stimmungsschwankungen, die innerhalb von wenigen Stunden, ja sogar Minuten auftreten können. Allzu häufig bin ich nicht in der Lage, angemessen auf bestimmte Situationen zu regieren. Regelmäßige, orkanartige Wutausbrüche, Heulkrämpfe, Schreiereien, Hasstiraden, das Zerstören von Gegenständen, Werfen von Türen und bitterböse Worte (auch gegen mich selbst) gehören bei mir ebenso dazu wie das Vergessen meiner eigenen Emotionen, zehn Minuten nachdem ich das Zimmer verlassen habe. Ach herrje, war was?

Meine Haut ist dünn wie Papier. Ich bin ein Kanarienvogel im Bergwerk, reagiere auf jede Stimmungsveränderung der Menschen in meiner Umgebung und erfühle, wie es ihnen geht. Überall wittere ich Kritik und Zurückweisung, negatives Feedback und Ärger. Ich antizipiere pausenlos soziale Ablehnung und würde gern in den Köpfen anderer Menschen wühlen, was sie wohl denken – vor allem über mich. Fehlende Emojis in Textnachrichten, keine Antwort nach zwei Stunden, kein Lächeln, monotone Sprache, eine sehr knappe Antwort – und schon bin überzeugt davon, dass ich etwas falsch gemacht hätte. Ich vermute hinter jeder menschlichen Regung Ärger und Enttäuschung. Kaum etwas macht mir so viel Angst wie die Möglichkeit, dass Menschen wütend auf mich sind und ich etwas falsch gemacht habe.

Ich fürchte stets, mich moralisch daneben benommen zu haben oder einer anderen Person auf die Nerven zu gehen. Ich bin egozentrisch, beziehe Sachen direkt auf mich, fühle mich ständig angesprochen und betroffen. Kritik vertrage ich gar nicht gut und nehme alles persönlich, weil ich sofort denke, ich wäre ein schlechter Mensch. Alles ist ganzheitlich.

Eine besonders hohe Sensitivität in Bezug auf Zurückweisung ist ein Symptom, mit dem viele neurodivergente Menschen zu kämpfen haben. Der wissenschaftlich noch recht unerforschte Begriff der *Rejection Sensitive Dysphoria* beschreibt die Dysphorie vor Zurückweisung, die zu massiver Angst vor sozialen Interaktionen und zu einer Vermeidungshaltung führen kann, da man sich vor Misserfolgen, Scheitern und negativem Feedback fürchtet.[25]

Ich nenne mich selbst gern eine passiv-aggressive People-Pleaserin. Neben dem sehnlichen Wunsch anerkannt, akzeptiert und geliebt zu werden, verspüre ich im Stillen einen brennenden Zorn auf alle, die mir (vermeintlich) positive Emotionen vorenthalten. Weil ich solche Angst vor Zurückweisung habe, bin ich vorauseilend gehorsam und passe mich an, während ich innerlich vor Wut darüber koche, dass mein Wille nicht zählt.

Insbesondere in Anstellungen war ich häufig eine brave Maus, die niemals Widerworte gab und der man doch sofort ansah, wie wütend sie war.

---

[25] o. A (2022) Cleveland Clinic.

Die Komfortzone

If outside is so good, why has mankind spent thousands of years to perfect inside?[26]
Sheldon Cooper

Es gibt da dieses gesellschaftliche Narrativ: Man müsse sich außerhalb der eigenen Komfortzone bewegen und dann würde einem Magie passieren. Man lasse Gewohnheiten hinter sich, überwinde eigene Ängste und überschreite Grenzen, um sich neuen Erfahrungen zu öffnen. Warum nicht durch den Schrank nach Narnia klettern oder aus einem Flugzeug springen? Einfach mal eine fremde Person nach ihrem Tag fragen. Sich auf einen Job in Neuseeland bewerben, eine gegrillte Heuschrecke essen. Das Leben sei wie eine Pralinenschachtel. Sich außerhalb der eigenen Komfortzone zu bewegen, wird einem sowohl sozial als auch beruflich immer wieder ans Herz gelegt. Ohne sei es nicht möglich, sich weiterzuentwickeln und glücklich zu werden.

Wenn man dem Glauben schenkt, hätte mir schon sehr viel Magie passieren müssen. Denn außerhalb meiner eigenen Komfortzone bin ich schon mein ganzes Leben lang. Aber als Autistin ist der Bereich, in welchem ich mich komfortabel und sicher fühle, nicht nur wesentlich kleiner als der vieler neurotypischer Menschen, sondern wird auch in den seltensten Fällen als solcher akzeptiert. Während meine Komfortzone bereits an der Wohnungstür endet, überwinden viele neurotypische Menschen ihre Grenzen vielleicht erst, indem sie eine Rucksack-Reise nach Thailand machen oder Carolina Reaper Chili-Soße trinken. Während

---

[26] Übersetzung der Autorin: „Wenn es draußen so toll ist, warum hat die Menschheit dann Tausende Jahre damit verbracht, das Drinnensein zu perfektionieren?"

für mich bereits viele erforderliche Teile meines Alltags das Verlassen meiner Komfortzone bedeuten, ist es für andere Menschen eine bewusste Entscheidung, bei der sie sich selbst mal wieder so richtig spüren können.

Ich bin überzeugt davon, dass die Forderung, die eigene Komfortzone verlassen zu müssen, vielen neurodivergenten Menschen aktiv schadet. Denn sie ist eng verwandt mit der Vorstellung davon, dass man Leute auch mal zu ihrem Glück zwingen müsste, wobei „Glück" dabei eine standardisierte Vorstellung ist, die sich an neurotypischen Menschen orientiert. Sie lässt keine individuellen Unterschiede zu. Ich sollte oft zu meinem „Glück" gezwungen werden.

Draußen spielen. Ausflüge machen. Auf Festivals gehen. Straßenfeste besuchen, Demos, Museen und Konzerte, Urlaube in heißen Ländern. Dinge, die mir vielleicht sogar Spaß gemacht hätten, hätte ich sie nicht als Gruppenaktivität, ohne Kopfhörer, bei sengender Hitze ohne Rückzugsmöglichkeiten durchstehen müssen. Hätte ich nicht so viel Kraft dafür aufwenden müssen, meine Erschöpfung, Überforderung und mein Unwohlsein auch noch Maskieren zu müssen. Hätte ich flexibel auf meine Bedürfnisse und Grenzen achten können.

Bei mir hat das wiederholt erzwungene Verlassen meiner Komfortzone dazu geführt, dass ich lange Zeit meine Bedürfnisse überhaupt nicht mehr kannte. Auch als erwachsene Person, die wesentlich mehr Entscheidungsfreiheit als ein Kind besitzt, ging ich weiterhin über meine Grenzen, weil ich überzeugt davon war, dass sich das so gehört. Ich merke auch heute oft noch viel zu spät, dass ich schon vor einer halben Stunde hätte umdrehen müssen, es aber nicht gemerkt habe, da ich niemanden enttäuschen wollte. Diese Grenzüberschreitungen enden bei mir häufig in einem <u>Shutdown</u> und grenzenloser Erschöpfung.

Meine „Strategie" war lange Zeit, entweder von Anfang an hanebüchene Geschichten zu erfinden, um mich aus Verpflichtungen zu schwindeln. Oder meine Kapazitäten und Grenzen so lange zu ignorieren, bis ich das Gefühl hatte zu ersticken und viel zu spät die Notbremse zog. Für eine Person, die höchstens fünfmal in ihrem Leben einen Schnupfen hatte, bin ich erstaunlich häufig „viel zu krank" gewesen, um in die Schule oder zur Arbeit zu gehen, an Treffen, Festen, Ausflügen, Reisen und Partys teilzunehmen.

In meiner Heilungszeit nach den Diagnosen waren Grenzen für mich besonders wichtig. Ich zog sie lieber viel zu eng, als mich auch nur der kleinsten Belastung auszusetzen. Und doch fiel es mir schwer, anderen zu kommunizieren, was ich brauchte oder verabscheute. Weil ich nie gelernt hatte, gesund Grenzen zu ziehen, wusste ich nicht, was ich mir zugestehen durfte und was nicht, welche Grenzen mich selbst schützen und welche ein Affront gegen andere Menschen sind.

Obwohl ich in der Theorie weiß, dass niemand ein Recht auf mich und meine Partizipation hat, fühle ich mich in der Praxis oft wie ein verzogenes Gör, wenn ich mich bestimmten Dingen verweigere. Wenn ich einer fremden Person nicht die Hand gebe und sie die Augenbrauen hochzieht, als wäre ich ein fremdelndes Kleinkind. Grenzen ziehen ist eine schwierige Angelegenheit, wenn man das als Kind nicht beigebracht bekommen hat und immer wieder auf Menschen stößt, die schlecht darauf reagieren.

Ich muss dabei oft meine jahrzehntelange Sozialisierung niederringen, die mich innerlich anbrüllt, dass ich ein grässlicher Mensch, eine Regelbrecherin und eine Schande an Frau bin, weil ich anderen das vorenthalte, womit sie sich sicher fühlen: emotionale Wärme, Körperkontakt wie Händeschütteln und Umarmungen, Blickkontakt und der Austausch von Trivialitäten.

Aufgrund meiner Schwierigkeiten, auf Menschen zuzugehen, begrenzt sich mein Freundeskreis auf wenige Kontakte. Ich verteile mein Herz nicht an viele Menschen, aber wenn ich es einmal jemandem verschenkt habe, liebe ich mit Haut und Haaren. Ich bin extrem loyal und über eine Freundschaft, die kaputt geht, weine ich fast genauso, wie über eine beendete Paarbeziehung. Ich hänge noch Jahre an Menschen, die nicht mehr in meinem Leben sind, und träume sogar regelmäßig von ihnen. Meine Freundschaften sind tief und intensiv, die Voraussetzung dafür hundertprozentiges Vertrauen und die Möglichkeit, über alles sprechen zu können. Ich habe kein Interesse daran, mich mit Bekannten zu treffen oder über triviale Dinge zu reden. Beziehungen sind bei mir ein alles oder nichts.

Damit kommen nicht oft neue Menschen in mein Leben. Und ausnahmslos immer sind diese Menschen auf mich zugekommen. Ich kann nur unglaublich schlecht aktiv auf Menschen zuzugehen. Bemühe ich mich bewusst um Menschen, werde ich in meinem Empfinden zur unsympathischsten, peinlichsten und traurigsten Version meiner selbst. Darum habe ich das schon vor Jahren aufgegeben. Ich glaube nicht, dass ich für jeden etwas bin und deswegen dränge ich mich ungern auf. Ich lasse lieber Menschen zu mir kommen, die aus der Distanz bereits entschieden haben, dass sie mich sympathisch finden. Ich brauche diesen Vertrauensvorschuss und die hervorgebrachte Sympathie, um mich zu trauen, ich selbst zu sein.

Die Diagnose

Eine Mangel-Situation

In der neurodivergenten Community wissen beinahe alle: Offizielle Diagnosen, gestellt von medizinischen oder psychologischen Fachkräften, sind ein riesiges Privileg. Das liegt zum einen daran, dass die Kapazitäten für Diagnostik-Stellen aktuell viel zu gering sind. Und zum anderen, dass leider immer noch viele Falschinformationen in Bezug auf Neurodivergenz im Umlauf sind – auch unter Fachkräften. In Deutschland gibt es nicht nur einen Pflegenotstand, sondern auch einen Notstand für psychologische und psychiatrische Therapie- und Diagnostik-Möglichkeiten. Obwohl mir diese Tatsache von Kolleg:innen und Follower:innen immer wieder berichtet wurde, sollte sich das volle Ausmaß der Situation für mich erst offenlegen, als ich mich um eine Autismus-Diagnose bemühte.

Ich fand keine einzige Einrichtung oder Praxis, die neue Patient:innen aufnahm, und sogar die *Wartelisten* waren allesamt geschlossen. Ich kenne Menschen, die mehrere Monate bis Jahre auf einen Termin warten müssen. Aufgrund der angespannten Situation bieten einige Psycholog:innen und Mediziner:innen Diagnose-Möglichkeiten für selbstzahlende Menschen an. Doch selbst dort erhält man oft keinen Rückruf oder wird mit einem Preis konfrontiert, für den ich früher einen ganzen Monat arbeiten musste, inklusive der Wartezeit von Monaten bis Jahren und der Fahrt in ein anderes Bundesland. Wohlgemerkt für eine Leistung, auf die in Deutschland jeder Mensch rechtlich gesehen jederzeit kostenlos Anspruch haben müsste. Es ist absurd.

Die Situation ist eindeutig politischem Versagen zuzuschreiben. Seit Jahren gibt es den Mangel medizinischer und psychologischer Therapie- und Diagnosemöglichkeiten und die Situation ist seit Corona noch viel schlimmer geworden. Glücklicherweise wird es langsam immer salonfähiger, über psychische Erkrankungen zu sprechen und insbesondere in den Sozialen Medien zuckt wirklich niemand mehr mit der Wimper, wenn man davon erzählt, depressiv, angstgestört, essgestört, soziophob oder neurodivergent zu sein – doch Behandlungsmöglichkeiten gibt es wenige.

Ohne eine offizielle Diagnose ist es nicht möglich, Medikamente zur Symptom-Bekämpfung von ADHS zu bekommen. Ebenfalls kann man Vorgesetzte nur schwerlich davon überzeugen, dass man gewisse Anpassungen braucht, um leidfrei und effektiv arbeiten zu können – Dinge wie flexible Arbeitszeiten, Homeoffice, keine Präsenz bei Meetings, das Tragen von Kopfhörern oder optionale Einzelbüros spielen hier eine wichtige Rolle. Auch die Beantragung und Ausstellung eines Schwerbehindertenausweises erfordert bei einer Neurodivergenz eine offizielle Diagnose.

Offizielle Diagnosen haben auch einen nicht zu unterschätzenden psychologischen Faktor. Da Neurodivergenzen per se erst einmal nicht von außen sichtbar sind, gilt eine offizielle Diagnose als „Beweis" für ihre Existenz. Aus eigener Erfahrung weiß ich, wie schwer es ist, sich eine Neurodivergenz zuzugestehen, und selbst mit zwei offiziellen Diagnosen zweifele ich immer wieder an deren Validität. Bilde ich mir in Wahrheit doch alles ein? Bin ich einfach faul, minderintelligent, gebe mir zu wenig Mühe, bin eine Menschenhasserin, müsste ich mehr können? Oder liegt eine andere Erklärung für meine Andersartigkeit vor? Ich weiß, dass ich nicht die einzige neurodivergente Person bin, die sich eben diese Fragen stellt und immer wieder an der Diagnose zweifelt.

Viele betroffene Menschen fühlen sich wie Hochstapler:innen, und die negative Behandlung, die wir unser Leben lang erlitten haben, trägt ebenfalls dazu bei. Ein großer Teil von uns hat von Eltern, Lehrkräften, Erziehungskräften, Vorgesetzten, medizinischem Personal und anderen Autoritätsfiguren zu hören bekommen, dass unsere Unzulänglichkeiten in unserer Hand lägen und eine bewusste Entscheidung wären. Wir *könnten,* wenn wir nur *wollten.* Diese tief sitzenden ableistischen Glaubenssätze loszulassen, ist unglaublich schwer. Die Verantwortung in gewissen Teilen abgeben zu dürfen und eine *Erklärung* zu haben, fühlt sich beinahe zu gut an, um wahr zu sein. So falle ich selbst immer wieder in meine alte Perspektive zurück, alles anzuzweifeln und zu denken, in Wahrheit wäre ich nur ein schlechter Mensch mit besagtem faulen Kern. Eine Menschenhasserin, die anderen gern den Spaß versaut.

Eine offizielle Diagnose kann daher eine enorme Erleichterung sein. Es passiert nicht selten, dass Außenstehende anzweifeln, dass man tatsächlich neurodivergent ist, und insbesondere Selbstdiagnosen haben dabei keinen besonders guten Ruf. Offizielle Diagnosen können zum Beispiel genutzt werden, um den skeptischen Onkel oder der zynischen Vorgesetzten zu belegen, dass man tatsächlich einen Leidensdruck hat und Rücksichtnahme braucht. Wobei selbst dann viele misstrauisch bleiben wollen.

Auch wenn alle neurodivergenten Menschen ihre eigenen Gründe haben werden, warum sie eine offizielle Diagnose brauchen, sollte doch jeder Mensch ein Recht und die Möglichkeit zu einer Diagnostik haben. Sie darf kein Privileg sein, das von Kontakten, zeitlicher Ausdauer oder aber Geld abhängt. Dass zwischen meiner ersten Vermutung, autistisch zu sein, und der abschließenden Diagnose so viel Zeit lag, war auch dem haarsträubenden Versorgungsnetzwerk geschuldet. Ich ging das Thema mehrmals an und ließ es aus Frust wieder fallen. Hinzu kam die Tatsache, dass ich große Angst hatte, an eine Person zu geraten, die vorurteilsbehaftet sein könnte, Masking nicht verstehen oder denken würde, weibliche Personen könnten gar nicht autistisch sein. Aber wie wählerisch konnte ich schon sein, wenn die Auswahl ohnehin lächerlich klein war? Ich fühlte mich, als wäre ich bei Tinder auf der Suche nach einer Beziehung und von den vier Männern, die dort überhaupt angemeldet waren, musste mein Traummann auch noch blendend aussehen, gut verdienen, Feminist und austherapiert sein.

War ich eigentlich wahnsinnig? Mein Versuch zum Scheitern verurteilt? Sehnsüchtig blickte ich auf die Zeit zurück, als ich einfach so meine Therapeutin kontaktiert und eine Woche später einen Termin bekommen hatte. Was für ein Glück ich doch damals gehabt hatte! Erst jetzt verstand ich am eigenen Leib, wie sich viele Menschen fühlten, die seit ewigen Zeiten verzweifelt auf der Suche nach einem Diagnostik-Platz waren. Eine tolle Stelle zu finden, bei der man nicht allzu lange warten muss, gleicht einem Sechser im Lotto. Irgendwann war mein Leidensdruck jedoch so hoch, dass ich einfach eine Stelle finden *musste*.

Ich möchte an dieser Stelle eine Sache besonders betonen: Dass ich nach nicht allzu langer Zeit eine sehr gute Diagnostik-Stelle fand, lag zum einen daran, dass ich genug Geld hatte, um diese privat bezahlen zu können, und zum anderen, dass ich die Möglichkeit hatte, *tausende* Menschen nach guten Stellen zu fragen. Das ist ein wirklich großes Privileg, das den wenigstens zur Verfügung steht.

Als Content Creatorin komme ich oft an Tipps, an die andere nicht kommen, weil mir sehr viele Menschen folgen, die sich freuen, mir zu helfen. Das ist von unschätzbarem Wert und als Ressource nicht bezahlbar. Ich bin dafür wirklich dankbar und weiß, dass ich damit riesiges Glück habe.

Noch vor wenigen Jahren hätte ich diese Diagnostik nicht selbst bezahlen können. Beinahe 1000 Euro für die Frage, ob ich nun gestört bin oder nicht. Mit dem Risiko, am Ende dennoch keine Diagnose zu bekommen. Aber ich konnte die Kosten verkraften und habe einen Partner, der selbstverständlich dazu bereit war, einen Teil unseres Ersparten für die Diagnostik zu verwenden.

Trenddiagnosen

Es ist kein Zufall, dass Diagnostik-Stellen aktuell geradezu überrannt werden. Durch die psychischen Auswirkungen der Pandemie sowie die Tatsache, dass mentale Gesundheit ein Thema ist, über welches Menschen vor allem digital häufiger sprechen, gibt es immer mehr Menschen, die sich um therapeutische und diagnostische Möglichkeiten bemühen.

Der vereinfachte Zugang zu entsprechendem Wissen führt dazu, dass immer mehr Menschen sich in der Thematik wiedererkennen. Hinzu kommt aus meiner Perspektive noch die Tatsache, dass zahlreiche Content Creator:innen – diejenigen also, die in den Sozialen Medien eine sehr große Reichweite haben – öfter über ihre Neurodivergenz sprechen. Dass gerade diese Personen betroffen sind, ist für mich nicht verwunderlich, da sowohl die Selbstständigkeit, als auch künstlerische und kreative Berufe neurodivergente Menschen geradezu magisch anziehen.

Ich bin selbst ein Beispiel dafür. Vor allem die Abwechslung der Tätigkeiten, der Dopamin-Rausch von Social Media, die Selbst-verantwortung, Freiheit sowie selbstgestaltbare Arbeitsbedingungen sind für viele neurodivergente Menschen extrem verlockend. Und da Content Creator:innen ein großes Publikum haben, macht es Sinn, dass sie viele Menschen erreichen und beeinflussen, die ihnen ähneln. Je mehr Menschen über Neurodivergenz sprechen und diagnostiziert werden, desto präsenter wird das Thema. Entgegen der Auffassung einiger sind aber inzwischen nicht *mehr* Menschen neurodivergent, sondern mehr Menschen *entdecken* ihre Neurodivergenz.

Es ist also durchaus logisch erklärbar, warum derzeit viel über ADHS und Autismus gesprochen wird – auch in den klassischen Medien. Eine Tatsache, die ich sehr begrüßen würde, würden dabei nicht so häufig Fehlinformationen und Ableismus reproduziert werden. Online-Zeitungen sprechen häufig von einem „Trend" zu Neurodivergenz und kritisieren, dass vor allem ADHS zu viel thematisiert würde. Die Meinungen reichen von der Annahme, dass in Wahrheit weniger Menschen betroffen seien als „behauptet" über grauenvolle Stereotype und Schreckensbilder bis zur zynischen Suggestivfrage, ob denn „nun jede Person ADHS habe".

Die höhnische Wortwahl zeigt die mangelnde Auseinandersetzung mit dem Thema und seiner Ursachen. Sie suggeriert eine fehlende Seriosität des Themas sowie eine vermeintliche Infantilität und Naivität der Betroffenen. Sie schürt Angst und Othering. Als wäre die Beschäftigung mit Neurodivergenz eine Lifestyle- und Mode-Erscheinung wie Schlaghosen und Cottagecore. Die zugrunde liegende Abwertung möchte eine Überlegenheit ausdrücken, die sich beinahe immer als Antwort auf Themen findet, die eine gewisse Reichweite bekommen, getreu dem Motto: Heute sind aber auch alle vegan, trans oder neurodivergent!

Ich weiß nicht, woher diese Negativität stammt oder warum klassische Medien so große Schwierigkeiten damit haben, sich neutral oder sogar positiv gegenüber aktuellen Themen zu äußern, die vor allem junge Menschen betreffen und von diesen debattiert werden. Die Kritik scheint sich oft mehr auf den reinen Umstand zu beziehen, *dass* ein Thema Popularität erlangt, als auf den Inhalt selbst. Sich darüber zu definieren, dass man aus Prinzip misstrauisch oder kritisch gegenüber aktuellen

Angelegenheiten ist, ist jedoch kein Beweis für Bodenständigkeit oder intellektuelle Überlegenheit. Individualismus und Abgrenzung ist kein Gütesiegel für besonders wertvolle Menschen. Vielmehr zeigt es hier Ignoranz und Empathielosigkeit gegenüber den Betroffenen. Es ist eine Häme, der es an Substanz fehlt und die daher unweigerlich ins Leere laufen muss. Denn was ist falsch daran, wie andere zu sein? Ist man besonders naiv, rückgratlos oder peinlich, weil man sich mit einer Sache identifiziert, mit der viele sich identifizieren? Insbesondere, wenn es sich um Entwicklungen handelt, die unsere Gesellschaft voranbringen und Individuen dabei helfen, glücklicher zu werden?

Das alles ist besonders absurd und widersprüchlich, wenn man bedenkt, dass Neurodivergenz eben gerade die *Abweichung* von der Mehrheitsgesellschaft darstellt. Kann etwas als Trend bezeichnet werden, wenn es nur eine Minderheit betrifft? Oder wird „Trend" hier nur als abfällige Bezeichnung gewählt, um eine Ablehnung gegenüber <u>marginalisierten</u> Menschen auszudrücken, die ihre Stimme finden?

Wie gemein, wie intolerant und zynisch muss man sein, um es Menschen abzusprechen, *über ihre eigene* psychische Verfassung zu sprechen? Wie wenig kann man anderen Menschen gönnen? Wie viel unbegründetes Selbstbewusstsein muss man besitzen, um sich zu einer Thematik zu äußern, mit der man selbst offenkundig keine Berührungspunkte hat, nur um sich darüber lustig zu machen und zu „kritisieren", dass andere sich damit beschäftigen? Das ist, als würde ich mich als körperlich kerngesunde Person darüber mokieren, wie viele Menschen heutzutage herzkrank seien. Ob diese sich nicht in Wahrheit alles einbilden würden oder einen Weg suchten, an Medikamente zu kommen? *Mein* Herz würde schließlich auch manchmal sehr schnell schlagen, wenn ich gerannt bin. Wie widerlich und ahnungslos klinge ich damit auf einer Skala von 1 bis 10?

Fehldiagnosen

Falsche und fehlende Diagnosen sind in der Medizin und Psychotherapie leider ein weitverbreitetes Problem. Viele Menschen sind jahrelang auf der Suche nach der (richtigen) Diagnose für ihre Krankheiten, Symptome und Behinderungen. Sicher ist nur ihr Leidensdruck, aber die Ursache wird oft über Monate oder Jahre nicht gefunden – oft sogar falsch bestimmt. Das kann zahlreiche Ursachen haben, von unzureichender oder veralteter Forschung über Behandlungsfehler und fehlendem Fachwissen bis hin zu Diskriminierung oder mangelnder Objektivität aufgrund von Sexismus, Rassismus und Ableismus.

In einer perfekten Welt würden alle neurodivergenten Menschen bereits als Kind korrekt von Fachkräften diagnostiziert und wenn nötig therapeutisch und medikamentös begleitet werden. Leider leben wir nicht in dieser Welt, und viele Menschen mit großem Leidensdruck sind darauf angewiesen, sich selbst zu informieren und abzuwägen, ob eine Neurodivergenz vorliegen könnte. Die Realität ist, dass viel zu vielen Menschen ihre benötigte Diagnose vorenthalten wird. Viele bekommen *statt* der ADHS- oder Autismus-Diagnose eine falsche, die aber weniger stigmatisiert ist, wie Depression oder Angststörung.

Nicht meine Therapeutin ist darauf gekommen, dass ich ADHS haben könnte, sondern ich. Das Leid von Betroffenen ist oft vor allem dann groß, wenn eine Diagnose gänzlich fehlt. Der von vielen Menschen als vermeintlich *neutral* betrachtete Zustand einer fehlenden Diagnose ist in Wahrheit ganz und gar nicht neutral. Denn eine Neurodivergenz und die damit verbundenen Symptome kommen nicht erst mit der Diagnose, sie werden dadurch nur *bestätigt* – und bestenfalls behandelt. Oft ist genau das Gegenteil der Fall. Gerade das *Fehlen* einer Diagnose ruft bei einem großen Teil neurodivergenter Personen erst den Leidensdruck hervor. Und so ist eine Fehldiagnose zwar ein Problem, aber manchmal nicht das Schlimmste, was einem passieren kann.

Selbstdiagnosen

Viele neurodivergente Menschen ziehen statt einer offiziellen Diagnose eine Selbstdiagnose vor. Sei es wegen des schlechten Versorgungsnetzwerks, gesellschaftlicher Vorurteile und Ableismus oder der Gewissheit, keine Therapie zu benötigen. Eine offizielle Diagnose führt in der Regel auch zum Ausschluss einer Berufsunfähigkeitsversicherung und einer privaten Krankenversicherung. Ob man diesen Eintrag in der Krankenakte haben möchte, will also wohlüberlegt sein.

Für viele bringt eine Selbstdiagnose eine riesige psychische Erleichterung. Sie ist eine Erklärung für die eigene Biografie und im besten Fall ein Wegweiser für die Gestaltung des eigenen Lebens. Selbstdiagnosen werden jedoch von vielen Menschen und klassischen Medien oft stark kritisiert. Sie seien nicht valide und extrem fehleranfällig.

Welcher Schaden könnte die Selbstdiagnose ADHS oder Autismus anrichten? Niemand bekommt mit einer Selbstdiagnose ADHS-Medikamente, und Medikamente „gegen" Autismus gibt es nicht. Man bekommt keinen Behindertenausweis oder „Vorteile" im Beruf, kann keine Ansprüche geltend machen. Menschen mit Selbstdiagnose nutzen diese in der Regel dafür aus, sich selbst und ihrem Umfeld ihr Wesen zu erklären und das Leben, soweit sie können, zu erleichtern. Wer sich nach einer Selbstdiagnose besser fühlt als vorher und feststellt, dass die Dinge das Leben erleichtern, die anderen neurodivergenten Menschen ebenfalls das Leben erleichtern, hat sich selbst wahrscheinlich so gut geholfen, wie es überhaupt alleine möglich ist. Eine falsche Selbstdiagnose kann natürlich in der Hinsicht schädlich sein, dass die korrekte Diagnose weiterhin fehlt. Aber Diagnosen sind kein Selbstzweck und sollten immer in Anbetracht ihrer Auswirkungen betrachtet werden. Wenn sich bei einer betroffenen Person nach der Selbstdiagnose Besserung einstellt und der Leidensdruck verschwindet – wo ist da der angerichtete Schaden?

Anders gesagt: Wenn ich mich ohne offizielle Hilfe mit ADHS diagnostiziere und mein Leben so arrangiere, dass es besser auf ein neurodivergentes Gehirn ausgerichtet ist und ich merke, dass ich produktiver, glücklicher und gesünder werde – ist das dann nicht das Beste, was mir passieren konnte? Selbstdiagnosen sind angesichts langer Wartezeiten auf einen Diagnostik-Termin sowie oft fehlendem Wissen von medizinischen Fachkräften manchmal die einzige Möglichkeit, die Betroffenen bleibt. Ist das ideal? Nein. Ist es besser als keine Hilfe, kein Anhaltspunkt und eine Verlängerung der Suche, weil man nicht an das offizielle Papier kommt? Ja.

Zudem ist eine Selbstdiagnose kein Ausschluss, sich irgendwann *zusätzlich* einer offiziellen Diagnostik zu unterziehen. Vor allem spätdiagnostizierte Personen haben fast immer zu Anfang eine Selbstdiagnose, weil ihre Neurodivergenz von Expert:innen übersehen wurde. Ich kenne viele neurodivergente Menschen, die erst einmal ausführlich zum Thema recherchieren wollten, bevor sie medizinisches oder psychologisches Personal konsultieren.

Vor meiner eigenen Autismus-Diagnostik habe ich monatelang meine eigenen Erfahrungen und Symptome niedergeschrieben, sortiert und den entsprechenden Kriterien des DSM-5 zugeordnet. Ich nenne das verantwortungsvoll. Und bin überzeugt davon, dass nicht-betroffene Menschen kein Interesse an einer Diagnose haben, wenn sie keinen entsprechenden Leidensdruck haben. Ebenso wenig, wie ich das Interesse an einer Diagnose für eine Alkoholsucht oder Angststörung habe, weil ich in dieser Hinsicht schlicht und ergreifend keine Probleme habe.

Soziale Medien

Es gibt viele Menschen, die kritisieren, dass Neurodivergenzen *überhaupt* in den Sozialen Medien thematisiert werden. Insbesondere Content Creator:innen sind dabei oft Spott ausgesetzt und gelten im besten Fall als infantile Clowns, im schlimmsten als toxische Manipulator:innen, die ihren Follower:innen *einreden* wollen, neurodivergent zu sein. Hier vermischen sind allgemeine, ablehnende Gefühle gegenüber den Sozialen Medien, Adultismus, Misogynie gegenüber Influencerinnen sowie neoliberale Ideologien – dass dieser Beruf kein „richtiger" sei – zu einem Konglomerat an Häme und Antipathie, der es jeder logischen Grundlage fehlt. Soziale Medien sind für viele Menschen automatisch das Gegenteil von Seriosität. Warum?

Nicht jedes TikTok oder Youtube-Video zum Thema ADHS oder Autismus hat den Pulitzerpreis verdient. Nicht alle bieten überhaupt einen Mehrwert. Manche sind inkorrekt, oberflächlich oder so allgemeingültig, dass wirklich jede:r sich darin wiedererkennen kann. Und dann gibt es Inhalte auf TikTok und Instagram, die so akkurat, genial geschrieben und wissenschaftlich fundiert die Symptome von ADHS durchdeklinieren, dass einige Expert:innen sich davon eine Scheibe abschneiden könnten. Insbesondere, weil Aufklärung in den Sozialen Medien auch von Psychiater:innen und Psycholog:innen selbst erfolgt. Ganz entgegen der Annahme, dass TikTok nur von 13-jährigen benutzt wird, die synchron tanzen, bietet dieses Medium nicht selten Beiträge, die das Potenzial haben, betroffenen Personen bei ihren Fragen wirklich weiterzuhelfen.

Und dann gibt es Artikel in etablieren Zeitungen, die strotzen so sehr vor Fehlinformationen und Ableismus, dass man sich fragen muss, ob die Autor:innen vor der Veröffentlichung nicht einmal ihre Fakten prüfen.

Daher denke ich, dass die Qualität der Informationen nicht vom Medium abhängt, sondern von der verfassenden Person. Die Frage lautet daher nicht, *ob* man in den Sozialen Medien über das Thema Neurodivergenz reden sollte, sondern *wie* man es tut. Denn einer Sache bin ich mir sehr sicher: Würden auf Social Media nicht *echte* Menschen von ihren persönlichen Erfahrungen erzählen und so dem Thema Individualität, Leben und Nachvollziehbarkeit einhauchen, wären wir immer noch der Meinung, nur weiße achtjährige Philipps könnten ADHS haben.

Es ist *notwendig,* dass wir persönliche Erfahrungsberichte konsumieren. Nicht nur als Information für Außenstehende, sondern auch als Möglichkeit für die Betroffenen selbst, ihre Stimme zu finden, sich auszutauschen und *endlich* ihren eigenen Empfindungen Worte geben zu können. Für mich war es wahnsinnig therapeutisch, online über meine Probleme und Erfahrungen zu sprechen. Ich genoss das Gefühl, mit all den Dingen, die ich schon mein Leben lang aus Scham verbarg und wegdrückte, nicht allein zu sein. Von anderen Betroffenen gesehen und verstanden zu werden, ist unbeschreiblich schön.

Mir kommt es so vor, als wären Menschen, die der Thematisierung von Neurodivergenz kritisch gegenüberstehen, der Meinung, psychische Störungen, Erkrankungen und Behinderungen hätten generell eine *Seltenheit* zu sein. Auf nichts anderes deuten Aussagen wie „Haben denn jetzt alle ADHS?" oder abfällige Begriffe wie „Trenddiagnose" hin. Es scheint so, als würden sie denken, es sei moralisch nicht gut, wenn *zu viele* Menschen anders, gestört, krank oder behindert seien. Warum? Wie viele Menschen dürfen neurodivergent sein, bevor es „auch mal reicht"?

Wo ist der Kipppunkt? Und *wohin* würden wir kippen? Vielleicht haben nicht nur fünf Prozent der Menschen ADHS, sondern 10, 20 oder sogar 50 Prozent? Und was würde dann passieren? Vielleicht können wir uns von ableistischen Vorstellungen und kapitalistischen Idealen verabschieden und eine Welt begrüßen, die (neurologische) Unterschiede nicht moralisch bewertet, als wären neurotypische Menschen das Ideal, zu dem alle hinstreben müssen.

Spätdiagnosen, oder auch: Was hätte sein können

Es ist schon skurril: Da denkt man sein Leben lang, man wäre eine wandelnde Freak-Show und kein Mensch auf diesem Planeten könnte einen jemals verstehen, geschweige denn, dieselben Gefühle und Gedanken haben. Und dann stellt man fest, innerhalb einer bestimmten Gruppe ist man so etwas wie ein Paradebeispiel. Weiblich gelesen, halbwegs unauffällig und funktionierend als Kind, unglücklich, depressiv, mit jahrelanger Therapie-Erfahrung. Eine Gruppe, die schlicht und ergreifend über Jahrzehnte übersehen und von der Forschung ignoriert wurde. Weiblich sozialisierte Personen sind oft besser darin, ihren Leidensdruck und ihre Andersartigkeit zu verbergen, wurden sie mit ihren Problemen doch häufig allein gelassen und haben gelernt, sich selbst helfen zu müssen. In meinem Fall mehr schlecht als Recht. Meine Diagnose kam mindestens zwanzig Jahre zu spät.

Nach meiner Diagnose habe ich mich lange gefragt, was hätte sein können. Wie wäre mein Leben verlaufen, wenn ich früher gewusst hätte, dass ich neurodivergent bin? Hätte es mir mit 8 geholfen, mit 14, mit 20? Wäre ich dennoch depressiv geworden? Hätte ich trotzdem eine Ess-störung entwickelt? Wäre ich immer noch eine Frau geworden, die beinahe kein Selbstwertgefühl besitzt? Was hätte das Stigma mit mir gemacht? Wie viel wusste man in den 90ern und frühen 2000ern überhaupt über ADHS? Hätte es mir mehr geholfen oder geschadet?

Im Alter von dreißig fühle ich mich zum ersten Mal wirklich verstanden und mir wurde klar, wie viel schwerer mir die Neurodivergenz mein Leben schon immer gemacht hat. Welche Energie-Ressourcen ich aufbringen musste für Dinge, die andere Menschen mit links schafften. Dass ich den gleichen Weg wie andere zurücklegen musste, aber dabei einen unsichtbaren Rucksack mit Wackersteinen geschleppt habe. Nach der Diagnose erlebte ich zuerst Euphorie, danach kam die Depression. Das bittere Bewusstsein darüber, was ich aufgrund der zu späten Diagnose erleben musste. Kindheitstraumata mischen sich mit tatsächlichen und vermeintlichen Unzulänglichkeiten und dem Vergleich mit anderen zu meinem eigenen Nachteil.

Ich weiß nicht, wie mein Leben verlaufen wäre, wenn ich früher Bescheid gewusst hätte. Und ich kann die letzten dreißig Jahre auch nicht rückgängig machen. Ich kann nur jetzt versuchen, die liebevolle und verständnisvolle Person für mich selbst zu sein, die ich mir immer gewünscht habe.

Hermeneutische Ungerechtigkeit: Das ging doch früher?

Es gibt ein interessantes Phänomen, das viele Betroffene kennen, die erst im Erwachsenenalter ihre Diagnose bekommen haben: Das Gefühl, dass danach bestimmte Dinge auf einmal nicht mehr gehen, dass man Umstände plötzlich viel schlimmer oder sogar unerträglich findet und sich fragt, wie man früher überhaupt durchs Leben gehen konnte. Ich stelle mir diese Fragen beispielsweise regelmäßig, wenn ich mit öffentlichen Verkehrsmitteln unterwegs bin. Bus- und Bahnfahren sind für mich die Hölle. Ich leide wie ein Hund unter den vielen unangenehmen Gerüchen, den Menschen, unfreiwilligem Körperkontakt mit Fremden und der Enge. Ich möchte mir die Haut vom Leib ziehen, wenn ich darüber nachdenke, wer alles schon vor mir auf meinem Sitz saß, und fühle mich jedes Mal eklig und besudelt, wenn ich im Zug sitze. Mich erschöpfen und belasten die vielen sensorischen Eindrücke so sehr, dass ich so selten wie möglich überhaupt öffentliche Verkehrsmittel nutze. Wenn ich von draußen nach Hause komme, *muss* ich mir sofort meine Kleidung vom Leib reißen bis hin zur Unterhose – die ja nicht einmal Berührungspunkte mit der großen weiten Welt hatte – und sie in die Schmutzwäsche werfen. Manchmal dusche ich sogar noch zusätzlich.

Bis ich Mitte zwanzig war, bin ich regelmäßig mit öffentlichen Verkehrsmitteln gefahren. Ich habe viel unternommen, bin auf Geburtstage gegangen, habe mich mit Bekannten getroffen und saß in meiner Jugend sogar oft auf Wiesen und an Seen. Eine Vorstellung, bei der mir jetzt schon alles juckt und brennt. Wie konnte ich das aushalten? Warum waren früher scheinbar so viele Dinge möglich, die mir heute absurd erscheinen? Wie die Vorstellung, nachts stundenlang vor einem Club anzustehen, zu dröhnender Musik zu tanzen und dann betrunken eine Stunde mit der Bahn nach Hause zu fahren. Wer war diese Person und warum schien ihr das nichts auszumachen? Eine Weile vermutete ich, dass es mit dem fortschreitenden Alter zu tun haben könnte oder aber meiner Gewöhnung an die Bequemlichkeiten des Lebens wie mehr Geld, einem Auto und meinem privaten Chauffeur – auch bekannt als mein Freund. Viele Möglichkeiten hatte ich früher schlicht und ergreifend nicht.

Aber das erklärt nicht, warum ich das Gefühl habe, früher weniger *empfindlich* gewesen zu sein. Auch wenn ich keine andere Wahl hatte, hätte ich mich in Zügen und an kalten Bahnhöfen doch mindestens genauso schrecklich fühlen müssen wie heutzutage? Warum scheint meine Diagnose mich so viel sensitiver und wenig resilient gemacht zu haben? Ich kann zwei Erklärungsmodelle liefern, die meiner Meinung nach beide zutreffen. Das eine ist leichter zu erklären und deswegen werde ich damit beginnen.

Kurz vor und nach meinen Diagnosen war ich unendlich erschöpft und ausgebrannt. Ich glaube, dass ich an diesem Punkt alle meine Energie und Selbstdisziplin aufgebraucht hatte. Das andauernde Zusammenreißen, Maskieren und Unterdrücken meiner schlimmen Gefühle brachen sich Bahn in der Wahrnehmung, dass ich *gar nichts* mehr konnte. Ich war am Ende meiner Kraft und musste mich erst einmal sehr lange erholen. In dieser Heilungsphase behandelte ich mich selbst sorgsam wie ein rohes Ei, traute mir praktisch gar nichts mehr zu und war meine eigene Helikoptermutter. Ich gab jegliche Verantwortung ab, drückte anderen meine Aufgaben auf und zog strenge Grenzen. Definierte, was alles nicht mehr ging. Ich überkompensierte meine jahrelangen Grenzüber-schreitungen damit, dass ich mich selbst so sehr schonte, wie es nur ging. In dieser Zeit war ich nicht bereit, die kleinste Unstimmigkeit zu ertragen, und sensibilisierte mich dadurch noch viel stärker in Bezug auf meine Reizfilterschwäche und Hochsensibilität.

Die andere Erklärung ist etwas komplexer und angelehnt an die Theorie der Philosophin Miranda Fricker. Fricker veröffentlichte im Jahr 2007 ein Buch, in dem sie sich mit „Epistemischer Ungerechtigkeit"[27] beschäftigt. Epistemiologie ist die philosophische Lehre der Erkennt-nistheorie. Also der Zweig der Forschung, der sich damit beschäftigt, *wie* Wissen zustande kommt. Typische Fragen dabei sind: Wie kommt die Menschheit an (wahre) Informationen? Wer bringt diese Informationen hervor? Wann gelten Informationen als wahr?

---

[27] Fricker (2007).

Als Feministin ist Fricker insbesondere daran interessiert, *wer* Informationen zum gesellschaftlichen Wissenspool beiträgt bzw. beitragen kann. Als Wissenspool kann man sich die Informationen vorstellen, die allgemein bekannt und zugänglich sind und die wir als Gemeinschaft glauben und akzeptieren. Fricker stellt die Theorie auf, dass vor allem weiße cis Männer das Privileg genießen, Wissen zu unserem gemeinsamen Wissenspool hinzuzufügen.

Zum einen, weil eben diese schon immer Vertrauen und Wahrheitshoheit genossen haben - anders gesagt: Wir *glauben* diesen Männern, was sie von sich geben – und zum anderen, weil diese sehr oft die Mittel dazu haben, Wissen hervorzubringen. Beispielsweise, weil sie Universitäten und Forschung dominieren, mehr Ressourcen wie Geld haben und bekommen, die man braucht, um Wissen zu erlangen. Man denke an Labore und Ausstattungen, aber auch die Zeit, die man zum Forschen braucht. Tendenziell ist Zeit für bezahlte und prestigeträchtige Arbeit ein Gut, das cis Männer mehr haben, sind sie seltener die Verantwortlichen für unbezahlte Care-Arbeit wie Kindererziehung und Haushaltsführung. Damit setzen sie auch Prioritäten und entscheiden, welche Themen es überhaupt wert sind, erforscht und weitergegeben zu werden.

Aufgrund dieser Tatsache, so Fricker, sei allgemein zugängliches Wissen nicht immer korrekt oder vollständig. Weiße, nicht-behinderte cis Männer würden bestimmen, welche Themen als relevant gelten. Und damit gäbe es ganze Wissenschaftsgebiete, zu der es kein oder nur sehr wenig Wissen und Forschung gäbe. Das sind zum Beispiel Bereiche, die primär weibliche und queere Menschen betreffen, aber auch rassifizierte oder behinderte Personen. Das führte in der Vergangenheit und führt auch noch heute oft dazu, dass Menschen sich auf ihre eigene Lebensrealität oft keinen Reim machen können. Es fehlt schlicht und ergreifend die

Forschung, das Wissen und die Sprache für das, was sie erleben. Und wenn diese fehlten, so folgert Fricker, fühle sich das, was man erlebe, nicht greifbar an. Ohne einen Begriff ist es schwer, die Existenz einer Entität zu verstehen.[28]

Es gibt einen Grund, warum feministische Forschung für so viele Phänomene Begriffe kreiert. So entsteht eine Sprache für Erfahrungen. Dinge, die man zuvor nur diffus fühlte, werden dadurch zu einem *Ding* und erlangen Legitimität. Sie werden zu einer Erfahrung, die man beschreiben und teilen kann. Bevor ich beispielsweise den Begriff Gaslighting kannte, hatte ich bereits viele Erfahrungen damit machen müssen, aber niemals wäre ich in der Lage dazu gewesen, zu *beschreiben,* was da passierte. Den Finger auf die Ungerechtigkeiten legen zu können. Erst der Name machte die Erfahrung real, erklär- und diskutierbar.

„Hermeneutische Ungerechtigkeit" nennt Fricker das Phänomen, wenn marginalisierte Menschen immer und immer wieder damit konfrontiert werden, kein Wissen über und keine Begrifflichkeit für ihr Erleben zu haben. Weil ihre Erfahrungen gesellschaftlich und wissenschaftlich (von den oben genannten privilegierten weißen Männern) nicht als relevant genug eingestuft werden, um sich ihnen zu widmen. Stattdessen lernen wir nur die Lebensrealität und Erfahrungen derjenigen kennen, die tatsächlich oder vermeintlich in der Mehrheit sind. Derjenigen, die als relevant und universell gelten. Als Frauen lernen wir, dass die Lebensrealität von Männern der Standard ist, und wundern uns, warum wir selbst oft so ganz anders fühlen als das, was als *normal* gilt. Und als neurodivergente Menschen lernen wir, dass die Lebensrealität neurotypischer Menschen normal ist. Dieses Phänomen lässt sich traurigerweise auf alle marginalisierten Gruppen übertragen.

---

[28] Fricker (2007).

Für mich bestand vor meinen Diagnosen gar nicht die *Möglichkeit,* dass es eine logische Erklärung für meine Empfindungen geben könnte. Und nach dem Motto: Was nicht sein *darf,* ist auch nicht so, unterdrückte ich lieber die überwältigenden Empfindungen, als mich damit auseinanderzusetzen. Ich fand es immer schrecklich, mit Bus und Bahn zu fahren. Ich war schon immer hochsensibel, schnell überwältigt und habe viele Dinge verabscheut, die ich heute kategorisch meide. Der Unterschied ist, dass mein Wissen über Autismus und ADHS erst die Möglichkeit geschaffen hat, mich mit meinen Empfindungen auseinanderzusetzen und sie mir aktiv zu erlauben. Erst, als ich die Erkenntnisse und Begrifflichkeit für sie hatte, wurden sie für mich real und erklärbar

Süchte und Begleiterkrankungen

Eine Sache, die viele spätdiagnostizierte Menschen mit Neurodivergenz gemeinsam haben, ist die Entwicklung von Komorbiditäten. Das sind Begleiterkrankungen, die gleichzeitig und zusätzlich zu ADHS und Autismus auftreten können. Das passiert insbesondere bei Menschen, die kein Wissen über ihre Neurodivergenz haben. Weil die Diagnose fehlt, erfahren sie keine medikamentöse und therapeutische Begleitung und können keine gesunden Strategien entwickeln, mit ihrer Neurodivergenz umzugehen. Auch eine Folge von hermeneutischer Ungerechtigkeit und ein Grund mehr, warum wir dringend mehr Forschung und Aufklärung in diesem Bereich brauchen.

Typische Komorbiditäten sind Suchterkrankungen und Substanzabhängigkeiten. Dazu gehören zum Beispiel Alkoholismus, Spielsucht, Esssucht, Rauchen und illegale Drogen. Substanzmissbrauch ist für viele

Betroffene Selbstmedikation.[29] Um das Chaos im Kopf zu beruhigen, die innere Unruhe, die Getriebenheit und die Unmöglichkeit zur Entspannung. Es ist auch die Möglichkeit, schnell an Dopamin zu kommen. Autistische Menschen neigen häufig zu erhöhtem Alkoholkonsum, um ihre sensorischen und sozialen Schwierigkeiten aushalten und herunterdämpfen zu können.[30]

Viele neurodivergente Menschen haben einen großen Teil ihres Lebens mit Depressionen zu kämpfen, mit Angststörungen, Panikattacken oder Burn-out. Auch Bulimie, Magersucht und Binge-Eating kommen häufig vor.[31] Wenn man sich erst einmal klarmacht, wie viele neurodivergente Menschen aus Unwissenheit, sozialem Druck oder ökonomischem Zwang ein Leben führen, das absolut nicht zu ihren Fähigkeiten und Bedürfnissen passt, verwundert es nicht, dass Körper und Geist krank werden. Ein Leben lang einen kratzigen Pullover zu tragen, der vier Nummern zu klein ist, ist irgendwann nicht mehr unangenehm, sondern fängt so sehr an zu schmerzen, dass es zu einer Rund-um-die-Uhr-Folter wird.

Depressiv, essgestört, süchtig

Als ich ungefähr 16 Jahre alt war, unterhielt ich mich mit meiner damals besten Freundin darüber, wie unglücklich ich war. Das war nicht das erste Mal, dass ich ihr mein Leid klagte, und nach einer Weile schaute sie mich an und fragte: „Warst du in deinem Leben überhaupt schon einmal glücklich?" Sie wollte mich nicht beschämen oder mir Vorwürfe machen. Sie hätte aber mal gehört, dass es wohl Menschen gäbe, die nicht

---

[29] Kanojia „HealthygamerGG" (2021).

[30] Kanojia „HealthygamerGG" (2021).

[31] Price (2022), S. 111.

glücklich sein *könnten*. Ob ich vielleicht zu diesen Menschen gehörte. Ich wand mich unter ihrer Frage und wollte ungern zugeben, was mir direkt auf der Zunge lag, nämlich das Gefühl, dass mich das Leben selbst schmerzte. Nein, ich konnte mich nicht erinnern, je glücklich gewesen zu sein. Nicht wirklich. Nicht für länger als einen Tag oder einige Stunden. Ich wusste nicht, was glücklich sein überhaupt bedeutet.

Mit 12 Jahren schrieb ich einen Brief an mein 30-jähriges Ich. Als ich ihn 18 Jahre später tatsächlich öffnete, fand ich eine Liste von Wünschen meines jüngeren Ichs, wie meine Zukunft hoffentlich aussehen würde. Der letzte Punkt, riesengroß und mit zahlreichen Ausrufezeichen lautete: „Mit 30 bin ich endlich glücklich!". Ich fühlte Rührung und Trauer gegenüber diesem kleinen Mädchen und ihrem bescheidenen Wunsch, einfach nur glücklich zu sein. Ich war überrascht, wie lange mein Unglücklichsein schon zurückreichte. Dass ich offenbar schon als Kind mein eigenes Leben unerträglich fand. Ich hatte die absurde und utopische Vorstellung, dass Kinder generell glücklich sein müssten und keine Sorgen haben dürfen. Als ich den Brief las, tat ich mir selbst sehr leid.

Während meines Studiums besuchte ich einmal eine Philosophie-Vorlesung über Utilitarismus. Im klassischen Utilitarismus geht es, grob gesprochen, darum, so viele Menschen wie möglich so glücklich wie möglich zu machen. Der moralische Wert von einem Zustand oder einer Handlunge wird nicht an klaren Regeln festgemacht, sondern an den Konsequenzen für die beteiligten Individuen. Mein Professor nannte uns damals Argumente, die gegen den Utilitarismus sprächen. Unter anderem die Tatsache, dass reines Glück – abgekoppelt von einem bestimmten Inhalt – keinen Wert habe. „Stellen Sie sich einmal vor, Sie würden in einen Tank steigen und wären dort für immer glücklich, doch das Glück wäre künstlich in Ihr Gehirn infiltriert. In Wahrheit würden Sie den ganzen Tag nur herumliegen und kein Leben führen".

Das beschriebene Szenario erinnerte mich sehr an die Prämisse des Films *Matrix*, in welchem der Protagonist Neo sich entscheiden muss, ob er die schmerzhafte Wahrheit über seine Welt erfahren möchte oder weiter (glücklich) in Unwissenheit leben will. „Offensichtlich würde das niemand wollen!", schloss der Professor sein Argument und die Studierenden um mich herum nickten. Nur ich runzelte die Stirn. Auf dem Höhepunkt meiner eigenen Depression und Essstörung war für mich der Gedanke an endloses Glück extrem verlockend. *Ich* wäre gern in jenen Glückstank gestiegen. *Ich* hätte die blaue Pille in *Matrix* gewählt.

„Unwissenheit ist ein Segen", heißt es im Film, und ich fühlte das damals so sehr, dass ich mich wunderte, wie andere Menschen ein Leben voller Schmerzen und Qual ganz selbstverständlich dem puren Glück vorziehen würden, nur weil sie das als *echt* wahrnahmen. Ich war verwundert, dass es darüber nicht einmal eine Debatte gab. Wie konnten Menschen Wissen aus Prinzip dem Glücklichsein vorziehen?

So lange ich mich erinnere, war ich immer zumindest *latent* depressiv. Ich war unzufrieden, fand alles schrecklich und hatte das Gefühl, nie das tun zu können, was ich möchte. Ich hasste mich, ich hasste die Schule, den Hort und meinen zweiten Hort ebenfalls. Ich hasste Mathe, Lernen, Arbeiten, Hausaufgaben, Saubermachen, meine häuslichen Aufgaben, die Ablehnung so vieler Menschen in meinem Alter, meine Einsamkeit, das Gefühl, nie dazu zu gehören, und das Gefühl, dass mir nichts Spaß machte, was mir hätte Spaß machen müssen. Ich hasste es, eine Lebensversagerin zu sein und dass alles, was mir wichtig war, peinlich und seltsam war.

Ich hasste meinen Körper und meine eigene Klugscheißerei. Ich hasste es, dass (vermeintlich) kein Junge in meinem Alter mich toll fand und ich in meiner eigenen Wahrnehmung faul und dumm war. Dass mein größtes

Talent – sehr viele Bücher zu lesen – die wenigstens interessierte oder beeindruckte und ich in Gruppen oft das seltsame Anhängsel war. Ich hasste es, dauernd Ärger zu bekommen und kritisiert zu werden. Ich fand es schrecklich, nicht zu wissen, wer ich bin, und mich notgedrungen zu verstellen. Von der Anstrengung, rund um die Uhr anderen und mir etwas vorzugaukeln, wurde ich krank und erschöpft. Ich hasste mein Leben und mich selbst am allermeisten.

Ich rauchte viel und trank noch mehr, obwohl ich Alkohol eigentlich verabscheute. Er half mir jedoch, mich in sozialen Gruppen zu bewegen, ohne sozial und sensorisch überfordert zu werden. Das Rauchen war für mich eine Möglichkeit, meine unentwegte Suche nach dem Kick zu befriedigen. Meine Nervosität, Langeweile und rasenden Gedanken auf den kleinen Stängel in meiner Hand lenken zu können. Ich bildete mir ein, nicht süchtig zu sein, weil ich schließlich immer wieder Pausen einlegte. Tatsächlich brauchte ich am Ende beinahe 15 Jahre – und viele Rückfälle – um endlich aufzuhören.

Auf der Suche nach Erklärungen für meine Unzulänglichkeiten und sozialen Schwierigkeiten, nach Antworten, warum ich nicht die Liebe und Anerkennung bekam, die ich mir so sehr wünschte, fokussierte sich meine Ablehnung vor allem auf meinen Körper. Ich war überzeugt davon, „zu dick“ zu sein, zu viel, zu ausladend. Ich war überzeugt davon, mein Charakter würde „nachziehen“, wenn ich erst einmal äußerlich mehr Akzeptanz bekäme. Wenn ich dünn wäre, wäre ich sicher nicht nur optisch, sondern auch von innen schöner. Könnte ich nur mein Essverhalten in den Griff bekommen – meine Gier und Impulsivität, meinen ewigen Hunger – würden sich sicher auch andere Probleme lösen.

Vielleicht dachte ich auch, ich könne so Kontrolle in mein chaotisches ADHS-Gehirn bringen. Vielleicht war ich aber auch einfach nur Teil einer fettfeindlichen Gesellschaft, die mit (viel) Körperfett charakterliche Fehler verbindet.

Ich hatte keine Ahnung davon, wie man auf eine gesunde, ungefährliche Art abnahm, und so fing ich einfach an zu hungern und obsessiv Sport zu treiben. Innerhalb weniger Monate verlor ich 16 Kilo. Die unmenschliche Disziplin, der Verzicht und die viel zu niedrige Nahrungszufuhr forderten ihren Tribut. Ich war immer müde und erschöpft, konnte nicht mehr schlafen und lag nächtelang mit Hunger-Schmerzen wach. Ich verlor die Hälfte meiner Haare, hatte Schwindelanfälle, bekam meine Periode nicht mehr und noch dazu stellte sich nicht das Glück ein, das ich mir erhofft hatte. Stattdessen fühlte ich mich weiterhin zu schwer, hatte panische Angst, wieder zuzunehmen und war psychisch am Ende meiner Kraft. Ich verließ kaum noch das Haus, schwindelte pausenlos in Bezug auf mein Essverhalten und schaffte es nicht, mich jemandem anzuvertrauen.

Ich hielt das Gewicht nur wenige Monate, bis ich in eine <u>Binge-Eating-Störung</u> rutschte. In Rekordzeit waren die verlorenen Kilos wieder drauf und noch viel mehr. Ich hatte regelmäßige Essanfälle und spätestens alle drei Tage musste ich so viel in mich hineinstopfen, dass ich dachte, an Magenschmerzen sterben zu müssen. Nach diesen Anfällen schlief ich bis zu 14 Stunden, fühlte mich verkatert und krank. Ich schleppte mich in die Schule und später zu meinem Café-Job. In dieser Zeit isolierte ich mich sozial noch mehr, auch weil ich mich so sehr schämte, wieder zugenommen zu haben.

Ich war überzeugt davon, alle anderen würden mich für mein optisch so sichtbares „Versagen" verabscheuen. Mein Leben bestand nur daraus, neue Diäten zu planen, um endlich wieder aus meinem Sumpf herauszukommen. Wieder dachte ich, abzunehmen wäre die Lösung für meine psychischen Probleme. Ich verachtete mich für meine „Disziplinlosigkeit" und meinen Körper. Meine Depression wurde so schlimm, dass mein einziger Trost über Monate darin bestand, mir meinen eigenen Tod vorzustellen.

Über Suizidalität redet man so gut wie nie. Sobald man es anspricht, sind die Reaktionen des Umfeldes in der Regel schockiert und wütend, sodass man das Gefühl hat, direkt zurückrudern zu müssen. Das Thema ist enorm schambehaftet und anderen zu offenbaren, dass es einem so schlecht geht, dass man nicht mehr *leben* möchte, ist wohl eines der intimsten Geständnisse, die man tätigen kann. Es ist nur natürlich, dass man um einen Menschen Angst hat, der über die eigene Suizidalität spricht. Dass man das Thema abwehren möchte. Doch leider führt das bei betroffenen Personen zu enormen Hemmungen, sich gegenüber anderen zu öffnen. Man gewinnt die Überzeugung, dass man entweder ausgeschimpft oder direkt eingewiesen wird. Suizidalität wird enorm moralisiert und Menschen, die suizidal sind oder sich tatsächlich das Leben nehmen, werden häufig als egoistisch wahrgenommen.

Aber ist es nicht wesentlich schlimmer, wenn man dieses Thema mit sich allein ausmachen muss? Suizidal zu sein bedeutet nicht automatisch, dass man sich auch wirklich umbringen wird. Und hätte mich jemand gefragt, ob ich tatsächlich sterben möchte, hätte ich Nein gesagt. Ich wollte eigentlich nicht sterben. Ich hatte nur nicht die Kraft, *dieses* Leben weiterzuführen. Gefangen in einem kranken Körper, der eins der natürlichsten Dinge der Welt verlernt hat – sich selbst zu nähren. Ich hatte keine Kraft mehr, *so* unglücklich zu sein. Unglück ist anstrengend. Trauer nimmt einem alles. Ich kann nicht in Worte fassen, wie sehr mich einfach alles schmerzte an diesem Punkt meines Lebens. Ich fühlte mich, als würde ich tagtäglich eine Zwangsjacke mit Stacheln innen drin tragen. Alles tat nur weh.

Ich hatte in meinem Leben zwei Episoden sehr gravierender Depression. Die erste nach dem Abitur, als meine Essstörung ihren Höhepunkt erreicht hatte. Diese Depression hatte die Gewalt eines Tornados und ergriff mich an einem Punkt meines Lebens, an dem ich völlig verloren war und nicht wusste, wohin meine Zukunft steuerte. Sie begann nach dem Ende der Schulzeit und sollte in Wellen unterschiedlicher Intensität mehrere Jahre dauern.

Die zweite schlimme Depression hatte ich nach meinem Universitätsabschluss. Im März 2020 schloss ich den Philosophie-Master ab und mein beruflicher Einstieg krachte gnadenlos mit Corona zusammen. Mit dem Studierenden-Status verlor ich meinen Universitätsjob und ging auf die Suche nach Arbeit, als es keine Arbeit gab. Ich war über ein Jahr arbeitslos, kämpfe mit dem Jobcenter, das mir unentwegt mit Kürzungen und Jobs im Niedriglohnsektor drohte. Ich bewarb mich auf über hundert Arbeitsstellen, von denen sich die wenigsten zurückmeldeten. Ich hatte acht erfolglose Vorstellungsgespräche und wurde geghostet. Es war eine schmerzhafte und demütigende Zeit, in der ich existenzielle Ängste hatte und gleichzeitig nichts mehr fürchtete, als wieder eine Arbeit annehmen zu müssen, die mich so depressiv machte wie mein Café-Job.

Das Jobcenter drängte, mich auf schlecht bezahlte Stellen zu bewerben, für die ich absolut überqualifiziert war. Damals noch Hartz IV, heute „Bürgergeld“, ist gekoppelt an viele Bedingungen, deren Nicht-Erfüllung zu Kürzungen des Geldes führt. Doch Kürzungen einer Summe, die ohnehin kaum zum Überleben reichen, bedeuten schlicht und ergreifend das existenzielle Ende einer Person. Aus Angst davor bewarb ich mich schließlich auch auf Stellen im Service. So landete ich wieder an der Kasse und arbeitete zwei Monate in einem Elektronik-Markt. Meine Depression wurde noch schlimmer und ich wurde wieder suizidal. Als Ende 2020 der „harte“ Lockdown kam, wurde ich pünktlich zu

Weihnachten gekündigt, ebenso wie alle anderen Mitarbeitenden in der Probezeit. Meine Zukunftsängste mischten sich mit grenzenloser Erleichterung, dieser Tätigkeit nicht mehr nachgehen zu müssen. Mein Freund und ich schafften es zwei Monate lang, uns finanziell gerade so über Wasser zu halten, bis er 2021 sein Referendariat beendete, als Lehrer arbeitete und wir gemeinsam von seinem Gehalt leben konnten. Mit seiner Hilfe und der finanziellen Sicherheit machte ich mich schließlich selbstständig und habe heute das Glück, mir meine Arbeit so gestalten zu können, dass sie zu meiner Neurodivergenz passt.

Als ich ein Jahr später meine ADHS-Diagnose erhielt, machte nicht nur sehr viel in meinem Leben mehr Sinn – inklusive meines Leidensdrucks in den verschiedenen Arbeitsstellen -, ich lernte auch zum ersten Mal, dass das Leben nicht schrecklich sein muss. Dass die Art und Weise, wie ich mein Leben und meinen Alltag gestalte, nicht nur zu *mir* passen darf, sondern auch darüber bestimmt, wie glücklich ich bin. Ich habe erst zu diesem Zeitpunkt langsam verstanden, dass Unglück und Depressionen nicht mein persönliches Versagen waren, sondern das Resultat meiner Lebensumstände.

Lange Zeit hatte ich weder die Macht, noch das Wissen, mir mein Leben so zu gestalten, wie es zu mir passt. Das ist heute anders und darüber bin ich sehr dankbar. Ich habe das Privileg, endlich einen Beruf ausüben zu können, der mich nicht krank macht. Ich lerne, die Maske abzulegen. Ich lerne zum ersten Mal in meinem Leben, dass glücklich sein auch für *mich* eine Möglichkeit ist.

Neurodivergenz, Arbeiten und Kapitalismus

Energiehaushalt, Hyperfokus und Erschöpfung

Eine meiner größten Herausforderungen ist es, meinen Energiehaushalt zu managen. Energie scheint bei mir anders verteilt zu sein als bei anderen Personen und ich fühle mich oft, als hätte ich unendliche Kräfte, die ich freisetzen kann, und das Talent, innerhalb von kürzester Zeit gigantische Massen an Aufgaben zu schaffen. Oder ich befinde mich in einem Zustand, in welchem es für mich schon eine Überforderung darstellt, an die Tür zu gehen, eine E-Mail zu beantworten oder meinem Freund zuzuhören, der von seiner Arbeit erzählt.

Ich kann keine Prioritäten setzen und mir fehlt jedes Gefühl für Zeit. Die Dringlichkeit von Aufgaben wird von meinem Bauchgefühl bestimmt und es kann sein, dass ich alle mir zur Verfügung stehende Energie innerhalb von kürzester Zeit in (eigentlich) unwichtige Aufgaben stecke, Relevantes vernachlässige oder vor Ungeduld ein eigentlich mehrtägiges Projekt in einem Rutsch ohne Pause erledige. Wenn mir etwas wichtig erscheint und ich viel Energie habe, bin ich überzeugt davon, unendliche Reserven zu haben, bis ich an einem Punkt einfach umkippe und nicht mehr kann. Ich habe kein Gefühl für mein Stresslevel und schätze dieses entweder bei 0 oder 100 ein.

Entweder bin ich so erschöpft, dass ich es nicht einmal schaffe, meine Haare zu waschen, oder ich bin im Hyperfokus. Diese beide Zustände können sich minütlich, stündlich oder auch nach Tagen abwechseln und sind eine Folge voneinander. Schließlich ist es nur logisch, dass, wenn man mit Vollgas durchs Leben brettert, am Ende nichts mehr übrig ist. Könnte ich meine Energie sinnvoll aufteilen, mentale und körperliche

Pausen einlegen und Projekten die Zeit geben, die sie eigentlich brauchen, würde ich wahrscheinlich nicht in diesen Extremen leben.

Der Hyperfokus ist ein Zustand, in welchem die eigenen Gedanken wie festgeklebt an einer bestimmten Aufgabe oder einem Thema sind. Während es im Allgemeinen für Menschen mit ADHS schwierig ist, ihre Gedanken länger bei einer Sache zu lassen, ist der Hyperfokus beinahe das Gegenteil davon. Es ist ein laserscharfes Konzentrieren und Fokussieren, das so einnehmend ist, dass das Losreißen davon beinahe schmerzhaft wird. Eine bestimmte Sache wird im Hyperfokus mit so einer hohen Priorität bewertet und Motivation betrieben, dass alles andere keine Rolle mehr spielt.[32] Auch Essen, Trinken, Schlafen, Toilettengänge oder soziale Interaktionen können dabei völlig vergessen werden.

Für mich fühlt der Hyperfokus sich so an, als wäre eine bestimmte Tätigkeit das Wichtigste auf der Welt. Das kann daran liegen, dass sie eine wahnsinnig hohe Dringlichkeit hat oder dass sie mir so viel Freude und Dopamin bringt, dass alle anderen Themen dagegen verblassen. Im Hyperfokus lese ich nächtelang Fan-Fiction oder schreibe innerhalb von weniger Stunden eine Kolumne, die die Länge einer universitären Hausarbeit hat.

Im Hyperfokus können Betroffene umfangreiche Aufgaben wie Umzüge, berufliche Projekte oder Hobbys in so einem rasenden Tempo erledigen, dass neurotypische Menschen staunend danebenstehen und nicht glauben, was sie sehen. Der Hyperfokus wird vor allem im beruflichen Kontext häufig als eine Art Superkraft gesehen, mit der Neurodivergente Übermenschliches vollbringen können. Dabei stehen traurigerweise vor

---

[32] Carl et al. (2022), S. 29.

allem das Thema Leistung und der wirtschaftliche Nutzen im Vordergrund.

Doch der Hyperfokus ist weder eine Superkraft, noch kann er bewusst und beliebig für alle Aufgaben „eingesetzt" werden. Er ist kein Zustand, den man sich aussucht, sondern der einen heimsucht – manchmal auch zu eher unpassenden Gelegenheiten. Ganz im Gegenteil eines wirtschaftlichen Nutzens kann ein Hyperfokus sich auf eine Tätigkeit richten, die davon ablenkt, was man *eigentlich* tun sollte. Der Klassiker dabei ist wahrscheinlich der Hyperfokus auf das Putzen der eigenen Wohnung oder das Recherchieren von einem neuen Hobby, während man eigentlich dringend die Steuererklärung machen sollte. Er ist nicht selten das Ergebnis davon, dass unser Gehirn vor langweiligen Aufgaben flüchten möchte und *alles* lieber will als das, was eigentlich die höchste Priorität hat.

Dennoch kann es ein berauschendes Gefühl sein, wenn man im Hyperfokus rasend produktiv ist. Insbesondere, wenn es sich um ein Projekt handelt, das einem am Herzen liegt. Ich kann nicht leugnen, dass ich über diese Fähigkeit oft froh und stolz bin, ermöglicht sie mir doch häufig, das zu erreichen, was meine Ungeduld sich wünscht: minimale Zeitdauer mit maximalem Output. Ein Hyperfokus kann unglaublich viel Spaß machen, aber gleichzeitig auch wahnsinnig kräftezehrend sein.

Ein Grund, warum ich im Fokus von Aufgaben oft nicht loskomme, ist nicht nur meine Ungeduld oder kindliche Freude daran, sondern auch die Angst, nie wieder an diesen Punkt zu kommen. Die Panik, etwas zu vergessen und mich nicht auf mich selbst verlassen zu können, dass ich am nächsten Tag *wirklich* daran weiterarbeiten werde. Wenn es nicht jetzt passiert, dann nie, flüstert mir mein Gehirn ein und ich rudere umso schneller bei dem Gedanken, dass ich Momentum verlieren könnte. Ich habe im Hyperfokus schon meinen Freund angeschrien, einfach, weil er sich im selben Zimmer befunden und Geräusche gemacht hat. Oder mich beinahe eingepinkelt, weil ich nicht unterbrechen konnte, um auf die Toilette zu gehen. Wenn man überzeugt davon ist, dass die Welt auseinanderbricht, wenn man *jetzt* aufhört zu arbeiten, ist der damit verbundene Druck keine schöne Erfahrung. Der größte Nachteil am Hyperfokus aber ist der Moment, wo er vorbei ist und die Erschöpfung eintritt.

Die Energie, die im Hyperfokus freigesetzt wird, bekommt man nicht geschenkt, sie ist lediglich geliehen. Ähnlich wie beim Konsum von Alkohol, Kaffee oder Drogen wartet am Ende ein Kater und der Körper fordert die verbrauchte Energie wieder ein. Die Erholungsdauer ist umso länger, je intensiver der Hyperfokus war. Das macht auch nur Sinn: Die eigenen körperlichen Bedürfnisse über Stunden oder sogar Tage komplett zu vernachlässigen, muss irgendwie wieder ausgeglichen werden. Unser Körper strebt nach Homöostase und je stärker die Erschütterung war, desto länger dauert die Regeneration.

Wenn ich erschöpft bin, treten Schwierigkeiten, die ich durch meine Neurodivergenz ohnehin schon habe, verstärkt auf und werden zu beinahe unüberwindbaren Problemen. Die Erschöpfungszustände können Tage oder sogar Wochen dauern und sind bei mir häufig mit depressiven Episoden verbunden. Ich habe ein erhöhtes Schlafbedürfnis und egal, wie viel ich geschlafen habe, ich möchte morgens nicht aufstehen. Schon an die Aufgaben des Tages zu denken überwältigt mich so sehr, dass ich weinen will und mich erst einmal mit meinem Handy beruhigen muss. Hinzu kommt, dass in solchen Phasen einfach *alles* als eine Aufgabe erscheint.

Nichts passiert automatisch, für alles brauche ich kognitive Kapazitäten, Überwindung und unendlich viel Disziplin. Mich kostet es Energie, meine Nahrungsergänzungsmittel zu nehmen und den Espressokocher zu befüllen, meine Zähne zu putzen, meine Haare zu waschen, mir Haferbrei zu kochen und meine Hände zu waschen. Ich kann nicht einfach duschen gehen, sondern muss mich dafür lange, manchmal über mehrere Stunden, motivieren.

Fürs Duschen muss ich mich ausziehen und dann friere ich. Unter der Dusche warte ich, bis das Wasser heiß wird, und dann muss ich meine Haare waschen, diverse Stellen meines Körpers einzeln reinigen und rasieren und danach will ich nicht aus der Dusche, weil es draußen kalt ist. Ich hasse es, mich abzutrocknen. Danach muss ich meine Haare antrocknen, föhnen, glätten, die Armaturen trocknen und die Haare vom Boden saugen. Eine einzelne Tätigkeit besteht aus unzähligen Einzelaufgaben und ebenso vielen sensorischen Katastrophen.

Mich am Leben, sauber und gesund zu halten, zieht in solchen Phasen bereits einen großen Teil meiner zur Verfügung stehenden Energie ab. Ich brauche für alles Ewigkeiten und mich verfolgt das Gefühl, keine Zeit zu haben. Das Aufbringen von Motivation und die Trödelei während der unleidlichen Aufgaben lassen einen Tag verfliegen, an dem ich nicht mehr geschafft habe, als eine Handvoll Instagram-Nachrichten zu beantworten. Wenn ich so erschöpft bin, ist jede einzelne Tätigkeit und jeder Handgriff zu viel. Ich bin ermattet von meinen eigenen Gedanken, die mit Lichtgeschwindigkeit durch meinen Kopf rasen und mich mental ausknocken.

Dass ich meinen Energiehaushalt nicht managen kann und Erschöpfungs-zustände für mich nicht vorhersehbar sind, kollidiert mit allen Jobs, die feste Arbeitszeiten und strenge Vorgaben zur Erledigung von Aufgaben haben. Von außen vorgegebene Strukturen und Kontrolle sind einfach nicht vereinbar, wenn ich morgens nicht einmal die Kraft habe, meine Haare zu bürsten, geschweige denn um sechs Uhr aufzustehen und mich in ein Büro zu schleppen.

Ich dachte immer, ich hasse Arbeiten

Meinen ersten Job hatte ich mit 14 Jahren und habe seitdem beinahe durchgehend gearbeitet. Während meiner Schul- und Studienzeit hatte ich diverse Nebenjobs und fast alle davon waren im Niedriglohnsektor. Die ausbeuterischen und machtmissbrauchenden Strukturen von Minijobs sind ein ganz besonderes Kaliber – insbesondere für neurodivergente Menschen.

Ich war Kellnerin, Kassiererin, Verkäuferin, Eintüterin, Telefonistin, Datenpflegerin und Zeitungsausträgerin. Ich assistierte und kreierte, brachte Kindern das Schwimmen bei und kochte Kaffee. In meinen anderthalb Jahren als Barista habe ich jeden Abend vor meiner Schicht aus Verzweiflung geweint. Mit ADHS in einem Job zu arbeiten, der über Stunden die gleiche schockierend monotone Tätigkeit bei höchster Konzentration fordert, ist nichts anderes als Folter. Kein Wunder, dass meine Kasse am Ende der Schicht nie stimmte. Ich weiß nicht, was dabei das Schlimmste war: Die wütende Enttäuschung meiner Vorgesetzten angesichts der fehlenden fünf bis zwanzig Euro, oder mein Gedanke, dass ich offenbar *nicht einmal* in der Lage dazu war, zu *zählen*. In dieser Art von Jobs festigte sich meine Überzeugung, allen anderen massiv unterlegen zu sein. Ich war zu ungeschickt zum Kaffeeservieren, zu unfreundlich für Kund:innenkontakt, zu schludrig für Programmiersprache, zu unsozial für Teamwork, zu aufmüpfig für Hierarchien.

Feste Arbeitszeiten, frühes Aufstehen und gezwungene Pünktlichkeit sind für mich kaum aushaltbar. Meine Energie und mein Arbeitswille kommen und gehen in Wellen, sind interessengebunden und können nicht forciert werden. Die Langeweile, das erzwungene Pensum einer bestimmten Stundenzahl und die Argusaugen, die beobachteten, ob ich auch nicht am Handy war oder eine Minute früher ging, töteten jeden Arbeitswillen, jede Begeisterung und Motivation, die ich vielleicht zu Anfang in Maßen empfunden hatte. Mich überwältigten die sensorischen Eindrücke, laute Musik, Gerüche, Gespräche, Lachen und das ungefilterte Einprasseln menschlicher Körper in meinem Sichtfeld. Ich verbrachte meine Pausenzeiten in einem unbefriedigenden Wartemodus. Auf Kommando zu pausieren ist für mich in etwa so befriedigend, wie auf Kommando zu essen oder auf die Toilette zu gehen. „Erholungspausen" verlängerten für mich lediglich die ohnehin unsägliche Zeitverschwendung, die diese Jobs darstellten. Ich wollte mich nicht mit anderen unterhalten, sondern las zu Mittag lieber ein Buch. Mein „unsoziales" Verhalten kam nicht gut an und ich wurde deshalb mehrmals gekündigt.

Als neurodivergente Person empfand ich als Arbeitnehmerin vor allem das andauernde Masking als belastend und kräftezehrend. Während ich mich im privaten Umfeld theoretisch immer dafür entscheiden kann, *nicht* zu maskieren, war das in Angestelltenverhältnissen keine Option. Ohne Maskieren hätte ich nicht einmal die Vorstellungsgespräche hinter mich bringen können. Niemand hätte mich je eingestellt. Ich gab mich dort als Team-Playerin aus, obwohl es mich unendlich erschöpft und nervt, eng mit anderen zusammenzuarbeiten. Ich bezeichnete mich als belastbar, obwohl ich hochsensibel, emotional instabil, leicht kränkbar, schnell erschöpft und sozial permanent überfordert bin. Ich schrieb in Bewerbungen, ich würde gern mit Menschen arbeiten, obwohl ich mich in Wahrheit von den allermeisten Menschen nicht verstanden und abgestoßen fühle. Ich *musste* meine Persönlichkeit und essenziellen Bedürfnisse unterdrücken, um meine Miete zahlen zu können.

Als Kellnerin führte ich mehrere Krisen-Gespräche mit meinem Chef, der mir androhte, mich rauszuwerfen, wenn ich nicht mehr lächeln und freundlicher mit den Kund:innen sprechen würde. Meine Miene wäre Furcht einflößend und nicht einladend. Ob ich den Job denn überhaupt mochte? Also lächelte ich wie ein Honigkuchenpferd und plauderte fröhlich mit den Stammgäst:innen, um nach meiner Schicht dann vor Verzweiflung in der Vorratskammer zu heulen.

Um meine Jobs zu behalten, sagte ich „Guten Tag" statt „Hallo", weil meine Chefin dies lieber hatte. Ich zwang mich, Augenkontakt mit Menschen zu halten, obwohl mein Gehirn dabei lichterloh brannte. Ging mit Kolleg:innen zum Mittagessen, obwohl ich niemanden davon mochte. Ich tat so, als wäre ich ein sozial interessierter und freundlicher Mensch, dabei wollte ich in Wahrheit nichts lieber, als in einer kleinen Ecke ganz allein meiner Arbeit nachzugehen. Wie schön mein Job doch wäre, dachte ich als Barista oft, wenn bloß die Kundschaft nicht wäre. Ich würde den ganzen Tag meine Latte-Art-Künste verfeinern und Gläser polieren, ohne dass jemand mich nervt.

Ich fragte mich, wie es sein konnte, dass jeder einzelne Job mich depressiv machte und warum ich im Gegensatz zu anderen scheinbar nicht in der Lage dazu war, einen Job zu mögen oder für längere Zeit zu behalten. Warum war ich so unsozial, so eine Eremitin, so fragil und zornig? Warum mochte mich niemand, obwohl ich mir doch so viel Mühe gab, so zu tun, als ob ich sie mochte! Ich nahm mir vor jedem neuen Job vor, der netteste und zuvorkommendste Mensch der Welt zu sein. „Diesmal wird alles anders!", dachte ich, backte Kuchen für Kolleg:innen und tat so, als würde ich die Unterhaltungen genießen. Was für eine Farce.

Arbeitsbedingungen, die nicht für mich gemacht sind

Ich hätte mir in meinem Leben einen Großteil des Leids ersparen können, wenn ich nicht dem wirtschaftlichen Zwang unterworfen gewesen wäre, mich in unpassende Arbeitsstrukturen zu zwängen. Es fühlte sich an, als wäre ich als einzige 1,90 groß und würde von der Gesellschaft vorgegeben bekommen, mich durch Zimmer zu bewegen, deren Decken nur 1,80 hoch sind. So zog ich Tag für Tag meinen Kopf ein und bewegte mich gekrümmt durch Räume, während andere mit ihren 1,70 gemütlich hin- und herspazieren konnten. Ich wurde ungläubig angeschaut, wenn ich sagte, dass ich grässliche Nackenschmerzen hätte und mich dringend setzen müsse. Stattdessen sagte man mir, ich müsse mich zusammen-reißen. Schließlich sei ich doch in der Lage, durch die Räume zu gehen. Man dachte, mein eingezogener Kopf sei einfach meine übliche Körperhaltung und die empfundenen Schmerzen konnte niemand von außen sehen.

Auch neurotypische Menschen sind unter bestimmten Umständen sensorisch überreizt, haben soziale und kognitive Grenzen. Jeder neurotypische Mensch würde vor Schmerzen schreien, wenn er gezwungen würde, seine Finger über eine offene Flamme halten zu müssen. Er würde es bevorzugen, im Winter dicke Socken zu tragen, weil seine Füße sonst auskühlen. Er würde einen Meltdown bekommen, wenn Tag und Nacht zehn Menschen neben ihm stehen würden, ihn beim Essen, Schlafen und Toilettengang begleiten und dabei pausenlos Geschichten über die Verlegung von Rollrasen erzählten. Kein neurotypischer Mensch kann sich fünf Serien gleichzeitig angucken und allen Handlungen folgen oder einen Vortrag über die Genese von Knäckebrot anhören, ohne gelegentlich abzuschweifen.

Wo aber ist der Unterschied, ob man bei der Arbeit eine dicke Jacke tragen muss, um sich vor Kälte zu schützen, oder dicke Kopfhörer, um sich vor Geräuschen zu schützen? Warum ist es in Ordnung, Pausen für Toilettengänge oder eine Zigarette einzulegen, aber nicht, um sich sensorisch abzukühlen? Warum ist es logisch und gesellschaftlich akzeptiert, dass Menschen nach acht Stunden Arbeit erschöpft sein dürfen, aber nicht nach zwei Stunden? Alle Menschen haben Grenzen. Doch wo die Grenzen von neurodivergenten Menschen liegen, ist gesellschaftlich weder bekannt noch akzeptiert. Und wie beinahe immer ist die kulturell dominante Gruppe davon überzeugt, dass alleine ihre Bedürfnisse legitim, normal und relevant sind.

Warum fällt es vielen Menschen so schwer zu verstehen, dass *ihre* Empfindungen nicht universell sind und dass andere nicht nur anders empfinden, sondern dass es völlig in Ordnung ist, dass sie anders empfinden? Warum gibt es für diejenigen, die es nicht schaffen, sich den (ziemlich willkürlichen) Standards auf dem Arbeitsmarkt und in Jobs anzupassen, keine Empathie? Warum ist auch noch das kleinste Zugeständnis zu viel? Ist es der Kapitalismus, der uns lehrt, dass jede Schwäche und jedes Anderssein schlecht sein muss, weil es einen wirtschaftlichen Schaden bedeuten könnte? Wie ich es auch drehe und wende, ich komme jedes einzelne Mal zu dem Schluss, dass berufliche Erleichterungen für neurodivergente Menschen nur dazu führen können, dass diese produktiver und leistungsfähiger sind.

Ein Großteil der arbeitslosen Neurodivergenten ist ohne Job, weil die Umstände in den meisten Unternehmen ihnen die Lohnarbeit unmöglich machen. Wie kann das gut für den Kapitalismus sein? Wenn neurodivergente Menschen sich zehn Mal so schnell ins Burn-out arbeiten, krank und arbeitsunfähig werden, keine Anstellung ergattern oder behalten können und in vielen Fällen vielleicht sogar auf

Arbeitslosengeld angewiesen sind – warum werden Arbeitsbedingungen dann nicht angepasst? Vielleicht ist es aber auch nicht die Wirtschaft selbst, um die es geht. Sondern mehr um ein kapitalistisches *Ideal*. Das Ideal der fleißigen Biene, die für ihren Job lebt und immer produktiv ist. Um den Wettkampf. Um das Besiegen anderer Menschen und das schneller, höher, weiter aus Prinzip. Um die Vorstellung, dass der Wert von Menschen sich rein daran bemisst, was sie leisten und erschaffen können. Um das prinzipielle Streben nach maximalem In- und Output. Das künstliche Ideal orientiert sich an gesunden, nicht-behinderten, neurotypischen, jungen (aber nicht zu jungen) Menschen.

Und so verliert man als neurodivergenter Mensch in einem Spiel, dessen Spielregeln sich an den mentalen und physischen Gegebenheiten neurotypischer Menschen orientieren. Ein Selbstläufer, der keinen tatsächlichen Benefit bringt, außer der Erhaltung eines gewissen Glaubenssystems. Denn würde es wirklich um das Ziel gehen, einen größtmöglichen Wert zu schaffen, müsste man die Umstände so anpassen, dass so viele Menschen wie möglich so lange wie möglich partizipieren könnten. Doch es geht im Kapitalismus nicht nur um das Erwirtschaften, sondern auch um das Aufrechterhalten von Hierarchien und schlussendlich um Macht.

Hierarchien und Konventionen

Es ist jetzt einige Jahre her, da arbeitete ich in einem großen Elektronik-Markt an der Kasse. Die Kassenarbeit beinhaltete viele absurde Regeln. Eine davon war, dass ich keine Wasserflasche mit an die Kasse nehmen durfte. Zum Trinken musste ich mich unauffällig in den Hinterraum stehlen, wenn an der Kasse nichts los sei (was fast nie der Fall war). „Wieso?", wollte ich von meiner Chefin wissen, und ihre Antwort lautete: „Der Abteilungsleiter sieht das nicht so gern".

Ich war entsetzt. Nicht nur, weil ich eine chronisch durstige Person bin. Nicht nur, weil es keine Begründung dafür gab außer die persönliche Präferenz des Abteilungsleiters. Nicht nur, weil der Abteilungsleiter selbst in seinem Büro essen und trinken konnte, wann er wollte. Sondern vor allem, weil meine Chefin selbst *diese Regel weder hinterfragte, noch sich daran zu stören schien.* „Macht es dir nichts aus, dass dir deine basalen Rechte genommen werden?", hätte ich sie am liebsten angeschrien.

Derlei Ungerechtigkeiten zogen sich durch alle Jobs, die ich in Anstellung hatte, und waren auch ein Grund, warum ich jede Tätigkeit hasste. Ich verabscheute, dass Menschen aufgrund ihrer beruflichen oder sozialen Position willkürlich über mich und meine Existenz bestimmen durften. Ich konnte nicht mit ansehen, wie andere Mitarbeitende sich bei Vorgesetzten einschleimten, anstatt sich mit Kolleg:innen zu solidarisieren. Ich hasste es, dass ich mindestens genauso hart wie meine Vorgesetzten arbeitete und dennoch nur einen Bruchteil von deren Bezahlung bekam. Es machte mich wütend, wie Festangestellte auf mich herabblickten, weil ich „nur" Aushilfe war.

Kurz: Ich hasse soziale Hierarchien. Ich finde es weder logisch noch fair, dass einige Personen gesellschaftlich als etwas Besseres angesehen werden als andere, nur weil sie Dinge besitzen oder sich an bestimmte soziale Codes halten. Ich hasse den Kapitalismus und Superreiche mit Inbrunst, und ich hoffe nicht darauf, eines Tages vielleicht selbst in der hierarchischen Hackordnung ganz oben zu stehen. Ich dachte jahrelang, dass mit mir etwas nicht stimmen würde, weil ich es einfach nicht schaffte, meine Nebenjobs auszuführen, ohne dabei Lava von Wut in meinen Eingeweiden zu spüren. Wie konnte meine Kollegin nur so gelassen auf den Geiz und die Unfreundlichkeit der reichen Kund:innen reagieren? Wieso wurde mein Kollege nicht genau so wütend wie ich, als unsere Marktleitung zum Lockdown 2020 an Weihnachten alle

Angestellten in Probezeit fristlos kündigte? Wieso war ich die Einzige, die nicht mit der Chefin in der Mensa essen und über *private* Dinge reden wollte?

Ich war in vielen Jobs tätig, in denen ich hierarchisch so weit unten angesiedelt war, dass ich nicht einmal als vollwertiger Mensch angesehen wurde. Ich wurde nicht gegrüßt oder minutenlang ignoriert, wenn ich eine Bestellung aufnehmen wollte. Einmal stieß ich mir an der Kasse unglaublich doll das Knie und schrie vor Schmerzen auf. Der Kunde vor mir verzog nicht einmal die Miene oder fragte, ob ich okay sei, sondern wartete lediglich, bis ich wieder einsatzbereit war.

In jedem einzelnen Job, den ich hatte, ging die Loyalität der Mitarbeitenden stets nach oben. Es gab keinen Zusammenhalt zwischen den Kolleg:innen und schon gar keine nach unten. Anstatt sich mit denen zu verbünden, die auf Augenhöhe waren, hofften alle nur, irgendwann in der Hierarchie aufsteigen zu können. Ebenso, wie man in unserer Gesellschaft gern nach unten tritt und Obdachlose sowie Arbeitslose verachtet, während man diejenigen anhimmelt, von denen man selbst ausgebeutet wird. Viele Menschen sehen sich als Millionär:innen in spe, obwohl die Wahrscheinlichkeit, einmal auf der Straße zu landen, um ein Vielfaches höher ist.

Ich empfand die Arbeitssuche als traumatisch. Bewerbungen schreiben und Vorstellungsgespräche waren für mich die Hölle. Mich fremden Menschen derlei anbiedern und ihnen schmeicheln zu müssen, fand ich unerträglich. Ganz allein bis zu zehn Menschen gegenüberzusitzen, die ich beeindrucken sollte, während diese meinen Lebenslauf und mich als Person kritisch prüften, war demütigend und moralisch falsch. Ich war ein Wurm und sie die Könige. Das gilt als normal. Ich habe Autoritäten schon immer gehasst – von ihrer Macht und Willkür, über das Schicksal anderer

Menschen zu entscheiden bis hin zu der absurden Rechtschaffenheit, mit der sie dies tun. Ich hasse die Tatsache, dass ein anderer Mensch nach seinem Gutdünken darüber bestimmen darf, wie hoch mein Gehalt und damit meine Lebensqualität aussieht. Ich sehe noch heute das Gesicht meiner ehemaligen Chefin vor mir, wie sie auf meine flehende Frage, ob mein Vertrag denn nun verlängert werden würde – ich mir in einigen Wochen also noch Essen würde kaufen können – mit starrer Miene antwortete: „Wir werden sehen". Offensichtlich war sie überzeugt davon, dass es moralisch legitim war, ohne jede menschliche Regung und Empathie meine Stelle und damit Existenz am seidenen Faden hängen zu lassen.

Und dann kam die Selbstständigkeit

Von den vielen Schwierigkeiten, die mir meine Neurodivergenz im Leben bereitete, war für mich das Thema Beruf die schwierigste. Schon als Kind fürchtete ich mich vor dem Augenblick, an dem ich schlussendlich vierzig Stunden in einem Büro sitzen müsste, und fragte mich oft, wie meine Mutter das nur aushielt. Die Nebenjobs, die ich während meiner Schul- und Studienzeit hatte, trugen nur zu dieser Angst bei.

Bürojobs waren angenehmer als das Servieren von Kaffee, Abkassieren im Supermarkt oder das Austragen von Zeitungen. Doch auch hier war ich die Hälfte der Zeit damit beschäftigt, auf die Uhr zu sehen und mich zu fragen, wann diese Hölle ein Ende haben würde. Der Zwang, pünktlich erscheinen zu müssen und unter den scharfen Augen von Autoritäten über Stunden unleidliche Aufgaben zu erledigen, saß mir im Nacken, seit ich sechs Jahre alt war. Ich empfand die Schule als unendliche Belastung und jeden Job als Qual, selbst wenn ich einmal das Glück netter Vorgesetzter hatte. Für mich fühlte es sich schon immer so an, als lauere hinter mir ein Monster im Schatten, zu dem ich immer wieder zurückkehren musste.

Wochenenden und freie Tage waren nur die verlockende, aber irreführende Schimäre von einer Erleichterung der Qual. Ich hangelte mich von Ferien zu Ferien, von Feiertag zu Feiertag, immer mit der Gewissheit: Bald musst du wieder hin. Selbst als ich mir während einer kurzen Zeit im Studium den „Luxus" erlaubte, nur einmal die Woche zu meinem Job zu fahren und dort dann neun Stunden durchzuarbeiten, waren die restlichen sechs Tage in meinem Kopf nur das Sprungbrett für meinen nächsten Arbeitstag. Feierabende verschafften mir keine Erleichterung, Urlaube konnte ich nicht genießen, weil ich wusste, dass mein Freigang ein Ablaufdatum hatte. Das Monster im Schatten wartete nur auf mich.

Die Universität war die erste Einrichtung, die ich gern besuchte. Das Philosophie-Studium bot so viele Freiheiten, wie man es sich nur vorstellen konnte. Ich stellte mir meine Kurse nach Vorlieben, präferierten Uhrzeiten und Dozent:innen zusammen. Es gab keine Anwesenheitspflicht und ich las nur, was mir Spaß machte. Ich suchte mir aus, worüber ich Hausarbeiten und Essays schrieb und beschäftigte mich fast nur mit Themen, die ich spannend fand. Ich war verliebt in die Philosophie, entdeckte meine Leidenschaft für Moraltheorien, das Argumentieren und die Logik. Bis auf eine Handvoll Kurse gab es keine Pflichtveranstaltungen. Ich empfand an der Uni eine bis dahin unbekannte Freiheit, genoss in vollen Zügen die royalen Gebäude, den Kaffee in den Mittagspausen, den akademischen Anspruch, das Flanieren über den Campus. Ich lernte eine Welt der Intellektualität kennen, die auf Sprache, Lesen und Ethik beruhte. Intuitiv hatte ich das Fach gewählt, nach dem ich mich schon mein Leben lang verzehrt hatte. Hier konnte ich argumentieren, es ging nicht um Bauchgefühle und Oberflächlichkeit, sondern um logische Schlussfolgerungen. „Der Abteilungsleiter hat das nicht so gern", hätte hier niemand durchgehen lassen. Ich liebte mein Studium heiß und innig.

Umso entsetzlicher fand ich, dass ich auch hier gezwungen war, mehrmals die Woche irgendwelchen Bullshit-Jobs nachzugehen, die wenig zahlten und viel nahmen. Ob Büro oder Café, es machte keinen Unterschied. Mich entsetzte die Trivialität, mit der ich mich auseinandersetzen musste, die vermeintliche Dringlichkeit von Quatsch-Aufgaben und Menschen, die mit ihrem vielen Geld Pralinen für ein Vermögen kauften. Als arme Studentin verachtete ich nicht nur alle „erwachsenen" Menschen in meinen Nebenjobs mit mehr Geld und Macht, sondern auch die Gegensätzlichkeit meiner warmen Universitätsblase zur kalten Realität wirtschaftlicher Unternehmen.

Ich befand mich mitten in einem Theaterstück, in welchem meine Vorgesetzten und Kolleg:innen so taten, als hätte ihre Arbeit irgendeine Relevanz. Für mich spielten sie Rollen, dachten sich alberne Begriffe aus, um die Dringlichkeit ihrer Arbeit zu rechtfertigen. Ich arbeitete in Großraumbüros ohne Privatsphäre, in Durchgangszimmern oder Pausenräumen. Während ich meiner Arbeit nachgehen sollte, plauderten die festen Mitarbeiter:innen fröhlich in meinem Nacken, wärmte die Chefin sich ihre stark riechende Suppe in unserem Zimmer auf. Unser Arbeitsplatz war gleichzeitig Teeküche, alle Büros bekamen neue Möbel außer das Zimmer der wissenschaftlichen Hilfskräfte. Alles schrie: Wir sind wichtig und ihr seid Dreck.

Ich litt unter dem schlechten Feedback, das ich häufig bekam, und gleichzeitig hätte mir diese Arbeit nicht egaler sein können. „Ich will auch gar keine gute Kellnerin sein!", hätte ich meinen Chef gern angeschrien, wenn er mir mal wieder das Gefühl gab, eine Versagerin zu sein. Sich für die eigene „schlechte" Arbeitsleistung zu schämen und als Versagern anzusehen, ist umso absurder, wenn einem der Job eigentlich egal ist. Hätte mich jemand gefragt, ob mir das Kellnern, Kassieren oder meine

Vorgesetzten menschlich gesehen etwas bedeuteten, hätte ich gelacht. Aber der monetäre Druck zwang mir die Vorstellung auf, dass es mir wichtig zu sein *habe*. Dass ich dafür sorgen *müsse*, dass meine widerliche Chefin mich mag. Jedes Mal, wenn ich rausgeworfen wurde, bestätigte sich meine Überzeugung, eine Versagerin zu sein.

Ich fürchtete mich sehr vor dem Moment, wenn ich nicht mehr studieren durfte und nur noch einem elendigen Vollzeitjob nachgehen müsste. Ich hatte Angst vor dem frühen Aufstehen, der vielen gestohlenen Zeit und den anderen Menschen. Und so beschloss ich, dass ich an meinen Philosophie-Master noch einen Doktor hängen würde. Dann konnte ich weiter an etwas arbeiten, was mir wirklich Freude machte. Aber die Finanzierung stellte sich als unmöglich zu lösendes Problem heraus. Ich hatte nicht das Glück, an der Uni angestellt zu sein, und so musste ich meine Promotion wie ein teures (sehr aufwendiges) Privatvergnügen behandeln und nebenbei arbeiten. Ich begann mein Promotionsstudium während des Corona-Ausbruchs 2020 und suchte lange Zeit vergeblich eine Stelle, die mir meinen Traum ermöglichte.

Heute bin ich - trotz der traumatischen Erfahrung - froh, dass ich keine Anstellung fand. Weil niemand mich nahm, musste ich kreativ werden und mir meinen eigenen Job basteln. Bereits seit 2019 hatte ich meinen privaten Instagram-Account dafür genutzt, meine Gedanken mit der Welt zu teilen. Als ich für die Promotion Paper über Paper zur feministischen Philosophie las, entwickelte ich ein dringendes Mitteilungsbedürfnis und ich verarbeitete meine Erkenntnisse in immer länger werdenden Texten. Ich sprach über Misogynie und Sexismus und erreichte damit immer mehr Menschen, die diese Art der Wissensteilung zu schätzen wussten. Da mein Kanal immer größer wurde und meine Art zu schreiben bei vielen gut ankam, schlug mein Freund mir vor, eine wöchentliche Kolumne anzubieten, um ein wenig Geld mit meiner Arbeit zu verdienen. Ich meldete 2021 eine Selbstständigkeit an und als mein Kanal über 10.000 Abos hatte, ging ich die ersten Werbe-Kooperationen ein. Mein Gedanke war zunächst, mir ein wenig Ruhe zu gönnen, bevor ich mich wieder ans Bewerben machte, doch je mehr Zeit verging, desto größer wurde mein Widerwille, auch nur eine einzige Bewerbung zu schreiben. Stattdessen wollte ich mir meinen Doktor lieber mit Werbung und dem Schreiben von Texten finanzieren. Während ich zunächst noch hochgradig abhängig vom Gehalt meines Freundes war, verdiene ich inzwischen sogar mehr als er. Mitte 2022 hatte ich mein Debüt als Buch-Autorin, als ich eine Auswahl meiner Texte in einem Sammelband namens „La Vie En Philosophie" im Selbstverlag veröffentlichte. Ich hatte seitdem einige öffentliche Auftritte und eine Lesung, die für mich das bisherige Highlight meiner Karriere war.

Seit meiner ADHS-Diagnose hat sich der Inhalt meiner Arbeit von Feminismus mehr zu den Themen Neurodivergenz und mentaler Gesundheit verschoben. Ich habe mit meiner Freundin Lisa Vogel 2023 einen Podcast zu ADHS (und Autismus) veröffentlicht, in welchem wir wöchentlich über unser Leben und Erfahrungen sprechen. Meine Selbstständigkeit war für mich nicht nur die Möglichkeit, dem Arbeitsmarkt und dem Monster im Schatten zu entkommen, sondern auch meine Leidenschaft für das Schreiben ausleben zu können und kreativ zu sein.

Ich liebe die Abwechslung in meinem Beruf und die Möglichkeit, mit so vielen anderen (neurodivergenten) Menschen im Austausch zu sein. Ich genieße es, für mich selbst zu arbeiten und meinen Job nach meinen Vorlieben und Energie-Ressourcen auszurichten. Trotz meiner offensiven Ablehnung von Festanstellungen war für mich früher das Thema Selbstständigkeit absolut keine Möglichkeit, der ich mich ernsthaft widmete. Umso froher bin ich, dass ich fast versehentlich dort hineingestolpert bin.

Für mich selbst zu arbeiten fühlt sich trotz oft langer Arbeitszeiten und der großen Verantwortung an, als wäre ich endlich frei. Ich teile mir meine Zeiten selbst ein, schlafe jeden Tag aus und niemand schaut über meine Schulter oder reitet auf Fehlern herum, die ich angeblich gemacht habe. Ich werde nicht auf meine Arbeitsmoral geprüft, muss mich nicht verbiegen und unsinnigen Anweisungen von Menschen folgen, die mein Schicksal in der Hand haben. Ich tue, was mir Freude bringt, und kann selbst bestimmen, wann ich wo bin.

Natürlich bin ich als selbstständige Person nicht frei von monetären Zwängen. Ich habe oft Angst um meine Zukunft und Rente, muss auch mal Aufträge annehmen, die mich nerven und keinen Spaß bringen. Aber alles in allem habe ich genau die Arbeitsbedingungen, die ich als autistische Person mit ADHS brauche. Ich habe das Gefühl, etwas Sinnvolles zu tun und authentisch zu arbeiten. Ich muss mit niemandem arbeiten, den ich menschlich abstoßend finde. Im Gegenteil. Ich habe einen Podcast mit einer meiner liebsten Freundinnen und ließ sogar das Cover dieses Buches von Freunden gestalten.

Ich lasse falsche Vorstellungen von „Professionalität" hinter mir, von richtig und falsch, dass ich Dinge auf eine bestimmte Art und Weise tun muss, weil ich sonst nicht ernst zu nehmend sei oder man das eben „so mache".

Ich habe Jahre lang gehofft, dass mich jemand entdecken würde, dass meine Talente erkannt und gefördert werden würden. Von Menschen, die größer, reicher, klüger wären als ich. Ein Verlag, eine Firma, eine Universität. Nichts davon ist jemals passiert und ich gebe mich auch nicht länger dieser Illusion hin. Mehr noch: Ich glaube nicht einmal, dass ich es brauche oder davon profitieren würde. Ich gebe mir einfach selbst die Erlaubnis, zu tun, was ich am besten kann, auf die Art, die für mich am besten funktioniert, erlaube mir selbst, mich zu veröffentlichen, mich zu bezahlen, mir eine Stimme zu geben.

Und was ist die Lösung?

Wenn ich von meinen Erfahrungen und Problemen als neurodivergente Person spreche, kommt vom Gegenüber häufig die Frage, was denn am Ende nun die Lösung sei. Die Lösung für all die Probleme, die man als neurodivergente Person eben so haben kann. Müssen sich also alle ADHSler:innen selbstständig machen? Wie kann man denn nun am besten die Maske absetzen? Wie schafft man es, sich endlich selbst zu lieben? Was mache ich bloß mit meinem autistischen Kind?

Ich habe eine Tendenz dazu, schlimme Situationen in all ihrer Schrecklichkeit zu analysieren, auseinanderzunehmen und dann öffentlich auszubreiten. So kann man sich das Elend dann in aller Ruhe anschauen. Ich beschönige meine Schilderungen nicht und am Ende gibt es selten ein Happy End. Für viele ist das wahrscheinlich frustrierend, da wir es gewohnt sind, für dargelegte Probleme direkt eine Lösung mitgeliefert zu bekommen. So funktioniert schließlich jede Art von Marketing und das ist die Erwartungshaltung an Personen, die öffentlich über ihre Schwierigkeiten sprechen. Man kann schließlich kein Buch zum Thema Essstörung schreiben und am Ende mit den Worten abschließen, dass man jetzt einen Essanfall haben wird. Oder eins über den Klimawandel, ohne zu sagen, wie man den Müll nun richtig trennt, um das Schlimmste zu verhindern. Ja, was *hilft* denn nun, wenn man neurodivergent ist?

Auch wenn ich die Frustration von Menschen nachvollziehen kann, die selbst einen ähnlichen Leidensdruck haben, kann und möchte ich kein Vorbild, kein Coach, keine Lehrerin und keine Heilsbringerin sein. Mein Wunsch war es nie, anderen zu sagen, wie sie ihr Leben besser leben können, oder vorzugeben, ich hätte mehr Ahnung von der Thematik als andere neurodivergente Menschen. Mir war es immer wichtig, nur von mir zu berichten. *Meine* Erfahrung zu teilen mit der Hoffnung, dass andere sich darin wiederkennen könnten. Oder im Gegenzug lernen, dass auch neurodivergente Menschen Individuen sind, mit ganz unterschiedlichen Biografien, Privilegien, Elternhäusern, Talenten und Interessen. Was ich hoffe, dem Thema hinzuzufügen, ist kein Fachwissen oder wissenschaftliche Forschung, sondern ein Fallbeispiel mit dem Namen Charlotte Suhr. Mir persönlich haben Sachbücher und theoretisches Wissen über Autismus und ADHS nur bis zu einem bestimmten Punkt geholfen. Für mich waren es die praktischen Erfahrungen von echten Menschen, die dem Thema wirklich Farbe gegeben haben.

Während es zum Glück viele Strategien, Therapie-Formen, Medikamente und Coachings gibt, die ihre Daseinsberechtigung haben und neurodivergenten Personen das Leben leichter machen können, hat *mir* persönlich am meisten der Austausch mit anderen Menschen geholfen, die ähnlich fühlen wie ich. Die Ähnliches erlebt, meine Empfindungen validiert und mir das Gefühl gegeben haben, dass ich eben doch nicht falsch bin, sondern einfach neurodivergent.

Es liegt etwas Heilendes im Teilen von Leid. Auch die schlimmste Situation und das größte Elend werden einfacher, wenn man dabei die Hand einer anderen Person halten kann. Mein Leben mit Neurodivergenz bestand zu einem großen Teil aus Scham und diese offen nach außen zu tragen und sogar die von anderen mitzutragen, hat viele der schlechten

Gefühle geheilt, die durch meine spätdiagnostizierte Neurodivergenz entstanden waren. Ich kann nicht die Lösung bieten, wie man Autismus und ADHS am besten managt, aber ich hoffe, ich kann durch meine Geschichte ein wenig den Schmerz und die Einsamkeit damit heilen.

Es gibt Teile in meiner Geschichte, die strukturelle Diskriminierung wie Sexismus und Ableismus betreffen, die sich um die brutalen ökonomischen Zwänge des Kapitalismus drehen und auf einer wesentlich allgemeineren Ebene existieren als nur in meiner eigenen Biografie. Probleme, die ich hier nur streifen konnte, weil sie aufgrund ihrer Größe und Brisanz eigene Bücher verdient haben (eins dazu habe ich sogar selbst geschrieben). Auch dazu kann ich offenkundig keine Lösung bieten oder Strukturen verändern, unter denen fast alle Menschen, besonders aber neurodivergente Personen, leiden.

Ich kann jedoch meinen Finger darauflegen, sie benennen und dafür sorgen, dass sie nicht weiter im Verborgenen existieren. Ich hoffe, durch meine Geschichte dazu beizutragen, dass andere erkennen, dass sie mit ähnlichen Erfahrungen keine Schuld an ihrer Situation haben oder hatten. Wir neigen dazu, schlimme Dinge in unserem Leben als Ergebnis unserer eigenen Fehler zu interpretieren. Wenn wir aber in den Austausch mit anderen gehen und sehen, dass diese unsere Erfahrungen teilen, zeigt das, dass nicht wir die Schuld für viele Dinge tragen. Der Arbeitsmarkt, viele Arbeitgeber und der Kapitalismus sind brutal, inhuman und *nicht* auf menschliche Bedürfnisse ausgelegt. Erst recht nicht, wenn diese Bedürfnisse von denen der vermeintlichen Mehrheit abweichen.

Ich bin überzeugt davon, dass der erste Schritt zu gesellschaftlichen Veränderungen der ist, den Scheinwerfer auf Probleme zu richten, die zuvor (bewusst) im Schatten operierten. Wie ich im Kapitel zur hermeneutischen Ungerechtigkeit klar gemacht habe, ist das Wissen um ein

Phänomen sowie das Vorhandensein passender Begriffe notwendig, um die Existenz einer Sache anerkennen und anschließend darüber sprechen zu können. Wir müssen unsere Erfahrungen einordnen und verbalisieren können, um darüber zu kommunizieren. Auch wenn das Problem damit nicht direkt gelöst ist, wissen wir doch zumindest: Es *gibt* ein Problem und es muss angegangen werden. Mein Beitrag ist hoffentlich der, dass ich mehr Licht ins Dunkel bringe und das ausdrücken kann, was andere bisher noch nicht ausdrücken konnten – oder sich vielleicht nicht getraut haben, auszusprechen. Ich sehe mein Buch gleichzeitig als wohltuende Decke für Betroffene und klagenden Appell an die Gesellschaft: Do better!

Vielleicht kann ich mit folgenden Worten ein wenig Mut machen:

Seit ich meine Diagnosen habe und offen über das Thema Neurodivergenz spreche, geht es mir um Welten besser. Viel Therapie, liebe Menschen, der Austausch mit anderen Betroffenen sowie die Ausrichtung meines Lebens an die AuDHS haben meine Lebensqualität um ein Vielfaches erhöht. An einer Neurodivergenz kann man nichts ändern, aber es ist möglich, die Themen Depression, Scham, Einsamkeit, Sucht, Essstörung und andere verbundene Probleme anzugehen.

Beim erneuten Lesen dieses Buches ist mir selbst aufgefallen, weil sehr ich mich auch innerhalb des letzten Jahres verändert und weiterentwickelt habe. Einige der intensiven Gefühle und Schwierigkeiten habe ich in der Form nicht mehr. Mentale Gesundheit und Handlungsmacht sind entscheidende Eckpfeiler, wenn es um den Umgang mit Neurodivergenz geht. Und ich kann aus Erfahrung berichten, dass es möglich ist, beide zumindest teilweise in die eigenen Hände zu nehmen.

Glossar

Ableismus: Strukturelle Form der Diskriminierung gegenüber Menschen, die körperliche und geistige Fähigkeiten nicht besitzen oder davon abweichen, was gesellschaftlich als normal und notwendig angesehen wird. Dazu gehören offene und latente Behindertenfeindlichkeit, fehlende Barrierefreiheit, Othering, Ignoranz und die Verweigerung monetärer und sozialer Unterstützung für Menschen, die körperliche und geistige Erkrankungen sowie Behinderungen haben.

Adultismus: Strukturelle Form der Diskriminierung gegenüber Kindern und Jugendlichen.

allistisch: Nicht-autistisch.

Binge-Eating-Störung: Form der Essstörung, bei der phasenweise sehr große Menschen an Essen verspeist werden, die weit über ein normales Hunger- und Sättigungsgefühl hinausgehen. Diese kann mit und ohne Gegenmaßnahmen wie Erbrechen, Abführmittel oder übermäßigem Sport vorliegen.

AuDHS oder AuDHD: Die Kombination der Diagnosen ADHS und Autismus. Sie wurde erst im Jahr 2013 in die medizinischen Kataloge aufgenommen, vorher war es nicht möglich, beide Diagnosen parallel zu bekommen.

cis: cis Menschen identifizieren sich mit dem Geschlecht, das ihnen nach der Geburt zugewiesen wurde.

Dominanzgesellschaft und Dominanzkultur: Begriffe von Birgit Rommelspacher[33], die den Teil einer Gesellschaft beschreiben, der sich in verschiedener Hinsicht als Norm versteht und dadurch explizit oder implizit Macht über andere ausübt. Beispielsweise sind weiße, christliche Menschen die dominante Kultur in Deutschland, obwohl ein nicht unerheblicher Teil der Bevölkerung nicht-weiß, muslimisch oder religionslos ist. Dabei muss nicht zwingend die Mehrheit dominant sein, auch bei einem beinahe ausgeglichenen Geschlechter-Verhältnis sind in unserer Gesellschaft cis Männer die dominante Gruppe.

Dopamin: Neurotransmitter (Botenstoff) des zentralen Nervensystems, der unter anderem Einfluss auf das Thema Motivation und Aufgabenbewältigung hat. Bei Menschen mit ADHS liegt eine Stoffwechselstörung im Gehirn vor, die verschiedene Botenstoffe betrifft und einen Dopaminmangel auslöst.

Gaslighting: Der Begriff stammt ursprünglich aus dem Theaterstück „Gas Light" von Patrick Hamilton. Das Stück thematisiert die emotionale Manipulation in einer Beziehung, wobei der Ehemann der Frau nicht nur unterstellt wird, sie wäre „verrückt", sondern auch Emotionen und Empfindungen abspricht. Der Name des Stücks inspirierte die Begrifflichkeit, die eine Form der psychischen Gewalt beschreibt, wobei eine Person die Lebensrealität, Emotionen und Empfindungen von einzelnen oder mehrere Personen leugnet und manipuliert. Besonders häufig tritt Gaslighting in Machtgefällen auf, in denen marginalisierte oder besonders vulnerable Menschen zum Opfer werden.

Inspiration Porn: Begriff, der beschreibt, wie nicht-behinderte und neurotypische Menschen häufig auf neurodivergente und/oder behinderte

---

[33] Rommelspacher (1995).

Menschen schauen und diese, – sowie deren vermeintlich qualitativ schlechteres Leben, – als Inspirationsquelle für ihr eigenes Leben nutzen. Dies kann beispielsweise beinhalten, behinderte Menschen zu bewundern, wenn diese Dinge schaffen, die man ihnen nicht zugetraut hatte oder sich zu freuen, dass man selbst nicht behindert ist. Behinderte und neurodivergente Menschen werden dabei nicht als Individuen, sondern als Reflexionsgrundlage für neurotypische/nicht-behinderte Menschen gesehen.

internalisierter Rassismus: Die Verinnerlichung rassistischer Glaubenssätze und Narrative, auch wenn man selbst rassifiziert wird. Dies kann beispielsweise bedeuten, als nicht-weiße Person überzeugt davon zu sein, dass weiße Menschen klüger oder schöner sind. Diese Überzeugungen können auch unterbewusst bestehen und an andere weitergegeben werden.

Male Gaze: Der Begriff stammt von Laura Mulvey[34] und beschreibt die Sichtweise in Filmen, bei der Männer als handelnde Subjekte mit Charakterentwicklung dargestellt werden, während Frauen und weiblich gelesene Personen als visuelle Objekte dienen, die keine Handlungsmacht haben, und lediglich betrachtete und begehrt werden. Im Feminismus wird der Begriff ausgeweitet auf alle Bereiche, in denen jene Rollenverteilung vorherrscht und Frauen und weiblich gelesene Personen vor allem auf ihr Äußeres reduziert und von einem (männlichen) Publikum betrachtet und objektifiziert werden. Male Gaze beschreibt, dass wir als Gesellschaft generell einen Blickwinkel einnehmen, der die Welt und Perspektive von Männern widerspiegelt.

---

[34] Mulvey (1985).

marginalisiert: Menschen oder Gruppen von Menschen, die im übertragenen Sinne oder wortwörtlich gesellschaftlich „an den Rand getrieben" und *strukturell diskriminiert* werden.

Meltdown: Bei neurodivergenten Menschen, vor allem Autist:innen, vorkommendes Phänomen des körperlichen und emotionalen Ausbruchs. Ein Meltdown kann sich in verschiedenen Formen äußern und nach außen wie ein Wutanfall wirken, da er häufig Schreien, Weinen, Schlagen und körperliche Gewalt, auch gegen sich selbst, beinhalten kann. Ein wichtiger Unterschied ist jedoch, dass Betroffene keine Kontrolle über das Geschehen haben und Meltdowns die Folge von Überstimulation, Überforderung und Überreizung sind.

nicht-binär: Menschen, die sich weder dem weiblichen noch dem männlichen Geschlecht ganzheitlich zugehörig fühlen.

nonverbal: Menschen, die nicht durch gesprochene Sprache kommunizieren.

Othering: Eine Form der sozialen Abgrenzung, bei der eine Gruppe von Menschen sich selbst als den Standard identifiziert und Menschen mit anderen Merkmalen als (qualitativ schlechtere) Abweichung. Es ist eine betonte Unterscheidung von „ich/wir" und „die anderen".

People Pleaser:in: Person, die um jeden Preis von anderen gemocht werden will, auch auf die Gefahr hin, sich selbst und ihre Bedürfnisse zu vernachlässigen.

Savant-Syndrom/Inselbegabung: Ein Talent, bei dem Betroffene außergewöhnlich und weit über dem Durchschnitt liegende Fähigkeiten innerhalb eines einzelnen Bereichs haben, beispielsweise Zeichnen,

Mathematik oder ein hervorragendes Gedächtnis. Viele Menschen mit Inselbegabung sind Autist:innen oder haben eine geistige oder soziale Behinderung.

Shutdown: Bei neurodivergenten Menschen, vor allem Autist:innen, häufig vorkommendes Phänomen des körperlichen Herunterfahrens. Ein Shutdown kann sich in verschiedenen Formen äußern, beinhaltet häufig, dass Betroffene nicht mehr ansprechbar sind, stumm werden und kaum noch agieren können. Manche werden bewegungslos. Er ist die Folge von Überreizung und tritt manchmal nach einem Meltdown auf.

strukturelle Diskriminierung: Diskriminierung, die auf struktureller Ebene, also rechtlich, institutionell und politisch verläuft.

trans: trans Menschen identifizieren sich nicht mit dem Geschlecht, das ihnen nach der Geburt zugewiesen wurde.

weiblich sozialisiert: Menschen, die als Mädchen und Frauen sozialisiert werden. Also cis Frauen und trans sowie nicht-binäre Personen, denen nach der Geburt das Geschlecht weiblich zugeordnet wird und die von ihren Bezugspersonen und der Gesellschaft als Mädchen und Frauen erzogen und behandelt werden.

Bibliographie und digitale Quellen

Literatur

Borms, Gil; Stes, Steven und van den Heuvel, Ria (2013) *Chaosqueen und Traumtänzer.* Ostfildern: Patmos Verlag.

Busch, Sira (2022) *Weltbilder – Wie Normen und Stereotype Gleichberechtigung verhindern.* Paderborn: Lektora.

Carl, Christine; Ditrich, Ismene; Koentges, Christa und Matthies, Swantje (2022) *Die Welt der Frauen und Mädchen mit AD(H)S – Warum sie so besonders sind und was sie stark macht.* Weinheim: Beltz Verlag.

Frances-White, Deborah (2018) *The Guilty Feminist.* London: Virago Press.

Fricker, Miranda (2007) *Epistemic Injustice – Power & The Ethics of Knowing.* New York: Oxford University Press.

Hallowell, Edward M. und Ratey, John J. (2022) *ADHS ist kein Makel – Hilfreiche Strategien für Kinder und Erwachsene.* Hamburg: Rowohlt Taschenbuch Verlag.

Layle, Paige (2024) *But Everyone Feels This Way: How an Autism Diagnosis Saved My Life.* New York: Headline Home

Meer-Walter, Stephanie (2023) *Autistisch? Kann ich fließend.* Weinheim: Beltz Verlag.

Mulvey, Laura (1985) *Visual Pleasure and Narrative Cinema,* in: Bill Nichols (Hg.) *Movies and Methods, Vol. II.* Berkeley and Los Angeles: University of California Press.

Price, Devon (2022) *Unmasking Autism – The Power of Embracing our Hidden Neurodiversity.* London: Monoray Octopus Publishing Group Ltd.

Preißmann, Christine (2013) *Überraschend anders – Mädchen und Frauen mit Asperger.* Stuttgart: TRIAS Verlag.

Rommelspacher, Birgit (1995) *Dominanzkultur. Texte zu Fremdheit und Macht.* Berlin: Orlanda.

Sheffer, Edith (2018) *Aspergers Kinder – Die Geburt des Autismus im „Dritten Reich".* Frankfurt am Main: Campus Verlag.

Suhr, Charlotte (2022) *La Vie En Philosophie – Ausgewählte Texte zu Feminismus und sozialer Gerechtigkeit.* Norderstedt: Books on Demand.

Toeps, Bianca (2020) *But you don't look autistic at all.* o. O.: Blossom Books.

Vogel, Lisa (2023) *Hirngespinste – Mein Leben mit ADHS.* München: Komplett-Media.

Digitale Quellen

O. A (29.8.2022) *ADHS: Noch immer häufig nicht erkannt.* Hamburg: Norddeutscher Rundfunk.
https://www.ndr.de/ratgeber/gesundheit/ADHS-Noch-immer-haeufig-nicht-erkannt,adhs152.html (Stand: 12.6.2024)

O. A. (2022) *Rejection Sensitive Disorder*, Ohio: Cleveland Clinic.
https://my.clevelandclinic.org/health/diseases/24099-rejection-sensitive-dysphoria-rsd (Stand: 12.6.2024)

O. A. *Inselbegabung.* Wikipedia.
https://de.wikipedia.org/wiki/Inselbegabung (Stand: 19.5.2024)

Kanojia, Alok „HealthyGamerGG" [Youtube] (28.9.2021) *Why ADHS is linked with Addiction.*
https://www.youtube.com/watch?v=HNje-HuIYdI (Stand: 12.6.2024)

The Neurodivergent Woman Podcast (2022) Folge *What does an Autistic ADHD´er brain look like?*
https://open.spotify.com/episode/6fBtjkuYjbfXxZBE8dAxGs?si=50f1131e1c9f413f (Stand: 12.6.2024)

Schneider, Dana (2015) *Diagnostische Kriterien und Standards bei Autismus-Spektrum-Störungen.* Bonn: Deutsche Forschungsgemeinschaft e. V.
https://www.google.com/url?sa=t&source=web&rct=j&opi=89978449&url=https://www.autismus.uni-jena.de/wp-content/uploads/2015/05/DSM5DiagnoseKriterien_Schleiz2015_DanaSchneider.pdf&ved=2ahUK

EwilodHrqMeGAxX4bvEDHWM_DNAQFnoECBAQAQ&usg=AOvVaw0KWXvWzIPKoy9hpCWZWF4R (Stand: 12.6.2024)

Danke

Ich danke allen Menschen, die dieses Buch lesen. Meinem Freund Tobi, der mich immer unterstützt und liebt, und meiner Freundin Lisa, die nicht nur die beste Podcast-Partnerin und Freundin, sondern auch meine persönliche Cheerleaderin ist und mir immer wieder gesagt hat, dass ich dieses Buch schreiben soll. Ich danke meiner wunderbaren Lektorin Martina, deren kluge Anmerkungen und Gedanken dafür gesorgt haben, dass das Buch in neuem Glanz erstrahlen konnte. Außerdem danke ich meinen lieben Freund:innen Claudia und Yuval, die mir das schönste und persönlichste Cover gestaltet haben, das man sich vorstellen kann. Ich liebe es beinahe noch mehr als den Inhalt dieses Buchs.

Charlotte Suhr, geboren 1993, ist studierte Philosophin, Autorin und Content Creatorin unter dem Namen @chaarlottchen. 2022 erschien ihr erstes Buch „La Vie En Philosophie" und wöchentlich schreibt sie ihre Kolumne zu persönlichen und gesellschaftsrelevanten Themen. Sie hat einen Podcast mit dem Namen „Neurodiverdings" zusammen mit Co-Host Lisa Vogel über die Themen ADHS, Autismus und mentale Gesundheit.